我国民营中小企业跨国经营
的影响因素和路径选择

Research on Influential Factor's of China's
Private SME's International Operation as well as
the Internationalized Approach of Private SMEs

帅 亮 著

中国出版集团

世界图书出版公司

广州·上海·西安·北京

图书在版编目（ＣＩＰ）数据

我国民营中小企业跨国经营影响因素和路径选择 / 帅亮著. —— 广州：世界图书出版广东有限公司，2012.12
　　ISBN 978-7-5100-5437-2

　　Ⅰ. ①我… Ⅱ. ①帅… Ⅲ. ①中小企业－民营企业－跨国经营－研究－中国 Ⅳ. ①F279.243

中国版本图书馆 CIP 数据核字(2012)第 286469 号

我国民营中小企业跨国经营影响因素和路径选择

策划编辑	周志平
责任编辑	汪再祥
出版发行	世界图书出版广东有限公司
地　　址	广州市新港西路大江冲 25 号

http://www.gdst.com.cn

印　　刷	东莞虎彩印刷有限公司
规　　格	880mm×1230mm　1/32
印　　张	6.625
字　　数	180 千字
版　　次	2013 年 4 月第 2 版　2013 年 4 月第 2 次印刷
ISBN	978-7-5100-5437-2/F・0084
定　　价	28.00 元

中文摘要

　　我国中小企业已经成为我国经济与社会发展的重要力量。在新经济条件下,全球经济一体化进程不断加快,我国中小企业的内外环境要素正在发生急剧的变化。国际化经营已成为中小企业适应不断变化的内外环境的必然选择,并将直接影响我国中小企业未来的总体发展空间。由于我国中小企业所具备的各种内外资源存在明显不足,影响国际化经营的内外因素繁多,因此,找出影响中小企业国际化经营的关键因素结构,结合我国中小企业的内外环境现状,参照已有的企业国际化经营理论,为中小企业的国际化经营提供现实指导,是本研究的根本宗旨。

　　随着我国民营中小企业国际化经营的内外环境正在发生迅速并且深刻的变化,以往的一些研究结论已经不能再适用于今天的民营中小企业国际化经营。基于这种考虑,本文希望通过对全国各个地区、不同类型、不同规模、不同行业中中小企业高层管理者进行深度访谈来获得影响中小企业国际化经营的多种因素,并且为我国民营中小企业的国际化经营提出一些有价值的指导性意见。

　　本文首先阐述了选择本研究方向的现实意义和理论意义。然后,对本文研究的对象——民营中小企业作了科学的界定。接着,本研究对有关国际化经营和中小企业国际化经营的相关理论和文献作了全面的回顾。然后,本研究运用实证的方式检验了我国民营中小企业国际化经营程度与公司绩效的关系,证明了我国民营中小企业国际化经营与企业绩效中的相关的关系。接着本研究结合文献研究的结论,运用实证研究的方法,通过因素分析的分析方法,借助于 SPSS11.0 软件,得出了影响我国中小企业国际化经营的七因素结构。最后,基于影响我国民营中小企业国际化经营中的主要因素和我国民营中小企业自身的特点和资源,提出了适合于我国民营中小企业国际化经营的路径选择。

关键词:中小企业　国际化经营　影响因素　路径选择

Abstract

The small and medium sized enterprises (SMEs) have become an important force of China's ecomonic and society development. Under the new economic situation, the pace of economic globalization is increasing and the internal environment factors as well as the external environment factors is changing rapidly. The internationalization has become the inevitable choice of SMEs in China, responding to the changeable environment factors, which will affect the SME's future development. For the sake of being lack of various internal and external factors, the factors which influence the SME's internationalization operation are numerous. The purpose of this study is to explore the factors which have a great impact on the internationalization operation of China's SMEs, based on the internal and external environment of the SMEs. In reference to the present theory of internationalization of the SMEs, this study is going to come up with some practical advice for the internationalization operation of China's SMEs.

With the fast and deep change of the SME's internal and external environment, many past study fail to explain the internationalization of China's SME. Accounting for this, this study looks forward to finding some key factors which affects the internationalization practice of different area's, different industry, different size and different type. Finally, it seems to get some practical and valuable of advice for the internationalization of Chin's SMEs.

002 我国民营中小企业跨国经营的影响因素和路径选择

Firstly, the study describes the thoeratical and practical meaning of itself. Secondly, it offers the definition of SMEs in China. Thirdly, this study has made an extensive review on the related internationalization and SMEs' internationalization theory. Then the study verifies the positive relationship between the degree of internationalization of China's SMEs and its performance, by means of empirical study. After that, based on the review of related theories, this study identifies seven of the most important factors influencing the SMEs' internationalization with the factor analysis method by SPSS 11. 0. Finally, in accordance with the main factors in the SMEs' internationalization operation and the features and the resources of China's SMEs, the study proposes the alternatives for the internationalization operation of China's SMEs.

Key words: small and medium sized enterprised internationalization influential factors approach alternatives

目录 ⟶ CONTENTS

第1章 绪论

1.1 选题的意义

胡锦涛同志在党的十七大报告中指出：为促进国民经济又好又快发展，应该拓展对外开放的广度和深度，提高开放型经济水平。坚持对外开放的基本国策，把"引进来"和"走出去"更好地结合起来，扩大开放领域，优化开放结构，提高开放质量，完善内外联动、互利共赢、安全高效的开放型经济体系，形成经济全球化条件下的参与国际经济合作和竞争新优势。深化沿海开放，加快内地开放，提升沿边开放，实现对内对外开放相互促进。加快转变外贸增长方式，立足以质取胜，调整进出口结构，促进加工贸易转型升级，大力发展服务贸易。创新利用外资方式，优化利用外资结构，发挥利用外资在推动自主创新、产业升级、区域协调发展等方面的积极作用。创新对外投资和合作方式，支持企业在研发、生产、销售等方面开展国际化经营，加快培育我国的跨国公司和国际知名品牌。

经过30多年的改革开放，我国吸引了大量的外资，《财富》500强中的大部分跨国公司已经在中国进行了直接投资，2002年中国首次超过美国，成为全球吸收外国直接投资最多的国家。相应地，在理论研究层而上，国内学者对跨国公司在华投资的研究亦较为广泛与深入。与此同时，一部分中国企业也迅速发展壮大，已经形成了"走出去"的要求，也具备了"走出去"参与国际市场竞争的良好条件。加之我国已经加入WTO，我国已经到了以"引进来"为主向、"

引进来"与"走出去"并重的新时期,急需不失时机地推进企业的国际化进程。因此,对我国企业国际化经营的研究是一项很有实践意义的课题。

那么,我国的企业,尤其是占绝大多数的民营中小企业是否有"走出去"的可能?"走出去"以后,又该如何推进其国际化进程?对这方面问题的探讨,国内外的研究还显得比较薄弱。因此,从理论层面和操作层面研究世界各国中小企业国际化的情况,探讨中小企业国际化的理论,并提出推进我国民营中小企业国际化的策略建议,就显得尤为重要。

传统的企业国际化观点认为,国际化经营是基于规模经济的大公司的行为,对中小企业来说,国际化经营不是机会,反而是威胁。中小企业往往被认为是母国市场导向的(Lindmark,1998),从而早期的研究也就集中于大公司的国际化行为,因此中小企业的国际化是一个相对探讨不足的领域(Coviello & Munro,1997;Holmlund & Kock,1998)。长期以来,国际化经营,尤其是对外直接投资,一直被认为是大型跨国公司的"专利",然而近十年来,在经济全球化、科技飞速发展、信息技术和互联网广泛应用等多种因素的推动下,许多有实力的中小企业走出国门,到国外进行直接投资,在国际化经营方而取得了很大的成绩,并且在世界经济的诸多领域,如高新技术、信息产业等,以自身独特的优势与大跨国公司展开竞争。虽然传统理论一直视国际化经营是资源丰富的大公司的竞技场(Joahnson & Vahlne,1990;Anderson,1993),然而,近年日益活跃在国际舞台上的中小企对这种传统的思维模式提出了挑战(Oviatt & McDongall,1994;Knight & Cavusgil,1996;Wall Street Journal,1996)。在欧洲、亚洲(包括澳大利亚)和美国,随着信息和通讯技术的发展、市场全球化趋势的加强,加之其它促进因素,越来越多的中小企业开始向海外拓展业务。

鉴于中小企业在国际市场上日益活跃,越来越多的学者开始研究这些资源有限的中小企业出于什么动机、凭借什么优势进入国际市场？在国际市场上,中小企业如何应对激烈竞争获得发展？环境因素如何影响中小企业的国际化经营？由于传统理论主要被认定为是那些资源丰富的大型跨国公司的行为,其中尽管也有一些合理成分适用于中小企业的国际化,但明显不尽如人意,甚至有些牵强,为此,我们需要开拓新的理论视角,来解释日益增长的中小企业国际化现象。而另一方面,就整体而言,与大的跨国公司相比,中小企业的国际化发展才刚刚起步,如何加快、迈好中小企业的国际化步伐,是个值得探索和研究的重要问题。

近些年,国外已经有些学者着手研究中小企业的国际化问题,从不同的角度、运用不同的方法进行探讨,但尚未形成体系,也未涉及中国民营中小企业的国际化问题。而国内尽管谈中小企业问题、谈跨国经营方面的文章不少,但针对中小企业国际化的理论和实践研究却比较少。如今,越来越多的发达国家和发展中国家开始推动、扶持中小企业走出国门,运用它们自身特有的优势游刃于国际市场和大型跨国公司之间,使得中小企业已经成为国际市场上一支不可忽视的力量。因此,我国也应当抓住时机,借鉴国际经验,从我国民营中小企业的实际情况出发,创造良好的外部条件,并扶持、指导我国中小企业的国际化经营。

鉴于该研究领域的新颖性、现实性和现有研究的匮乏,笔者以《我国民营中小企业国际化经营的影响因素及其路径选择研究》为题,通过调研访谈所获取的一手资料,认真分析我国中小企业国际化的现状和问题,希望能够找出我国中小企业国际化经营的主要影响因素,并且针对这些主要影响因素在实践上提出符合我国中小企业实际情况的我国民营中小企业国际化经营的路径选择。

真诚希望本论文的研究成果能为我国民营中小企业的国际化发展尽一份微薄之力,以利于我国中小企业的国际化经营乃至整个国家的外向型经济的进一步发展。

1.2 研究方法

论文的研究将采用多种方法实现研究的综合性与系统性、国际性、理论探索、原因分析、对策研究的宏观与微观相结合等方面的突破。使论文既有理论性又有实践性、既有定性研究又有定量研究、既有全球国际性又有地区性、既有宏观又有微观、既有原则性又有可操作性、既有问题又有对策,融描述性研究、解释性研究与对策性研究为一体的系统、综合的学术成果。

1. 实地调查研究法

笔者将深入中国民营中小企业进行实地调查,选取中小型民营企业集中且具有代表性的典型案例进行仔细调查,掌握一手资料,充分体现调查结果的科学性、全面性和代表性。实地调查研究有利于本文将要进行分析的相关实际案例,为本文的实证研究提供可靠的现实依据。

2. 理论研究与实证分析相结合

论文将在大量阅读有关文献的基础上,充分探索理论源泉,寻求文章观点论述理论依据的可靠性。同时,在科学理论的基础上,进行实证分析,为理论的科学性寻找实践证明的基石。理论来自实践,实践是检验理论的唯一标准;理论与实践相辅相成,互为所用。二者结合的方法有利于本文结构的严谨和结论的科学性。

3. 定性分析与定量分析相结合

本文所研究的内容具有极强的现实意义和理论意义,因此本文的研究方法以理论结合实际为主,在对中国民营中小企业国际化现状进行剖析的时候多采用定性分析的研究方法;在对中小企业国际化经营绩效和影响中小企业国际化战略的环境因素进行分析时主要采取定量分析的方法。为此,我们不但在定性分析中也注意结合定量分析,通过引进一些有说服力的数据来论证;而且广泛收集资料,进行大量的专项定量分析,通过数据来阐明相关论点。

4. 多学科、多视角综合研究

中小企业国际化的问题涉及到政治、经济、社会与文化等不同方面。对民营中小企业国际化战略的研究,具有很强的跨学科特点。本研究综合运用社会学、管理学、统计学及经济学的有关研究方法,进行比较科学、客观而全面的分析和把握,使文章内容知识覆盖面更加广泛,文章观点更加客观科学。

5. 对比研究分析法

本文通过对中外中小企业国际化战略进行比较研究,有利于发现不同社会经济环境下中小企业国际化的优势和劣势,使中小企业国际化在不同环境下相互借鉴,有利于发现不足,实现优势互补,也有利于开阔视野,对所得结论的科学准确性更加具有信度。

1.3 本文的创新之处

第一,提出从资源相对有限的民营中小企业的角度来探讨企业国际化经营问题,就我国民营中小企业独有的一些特点进行有针对性的分析;

第二,提出在新的外部和内部条件下对于影响民营中小企业国际化经营的各种因素的重新审视;

第三,构建我国民营中小企业国际化程度和经营绩效的评价模型,并用运实证分析的方法探讨两者间的相关关系;

第四,运用实证分析的方法对影响民营中小企业国际化经营的关键要素进行因素分析分析,提出了七因素的影响模型;

第五,结合当前我国民营中小企业内部和外部环境,提出了企业在国际化经营中的路径选择的参考。

第2章 相关文献综述

2.1 中小企业的界定

2.1.1 世界各国或地区对中小企业的界定标准概况

一般而言,各国或地区对中小企业的界定有定量界定和定性界定两种方法。定量界定主要包括从企业雇员人数、资产额以及营业额三方面进行界定;定性界定一般从企业质量和地位两方面进行界定。

1.定量界定标准

(1)雇员人数标准。该标准是从企业雇用人数多少这一"人"的要素角度反映企业规模的大小,也是绝大多数国家都采用的标准。

(2)资产额标准。该标准是以价位或实物形态从企业资产这一"物"的要素之角度反映企业规模的大小。与雇员人数标准相比,该标准在计量上存在一些困难:

①中小企业尤其是家族式小企业,企业资产与家庭资产难以区分;②无形资产进入总资产或存在技术入股情况下,评估的技术可操作性差;③信息不对称条件下,一些企业主为加入中小企业行列从而获得优惠条件可能隐瞒自己资产量,而事实上这些中小企业按标准不在中小企业之列。

(3)营业额标准。该标准是从企业经营水平角度反映一个企业规模的大小,该标准也有两个缺点:①企业的营业额是个极易波动的量,受通货膨胀、销售淡旺季,甚至国际汇率等诸多因素影响;

②与资产额相比，营业额更难以计量，可比性更低，也更缺乏可信性。

定量界定标准具有很大的相对性。首先是空间相对性，表现在三个方面：①不同国家和地区偏爱的定量标准可能不同，如巴西采用雇用人员标准，斯里兰卡则采用设备投资标准；②不同国家和地区的同一标准，具体取值区间可能不同，如同为雇员人数标准，瑞士取值区一间为(0,499)、希腊为(10,99)，挪威则为(0,100)；③不同行业的标准或取值区间可能不同，如英国的制造业、建筑和矿业采用雇员人数标准，而零售业、批发业、汽车销售业和各种服务业则采用营业额标准；同为雇员人数标准，就取值区间而言，制造业为(0,200)，建筑和采矿业为(0,20)。"这是因为不同行业技术特征不同，要素构成各异。

其次是时间相对性。任何国家或地区对中小企业规模的界定标准都不是一承不变的，而是随着经济的发展和社会的变化不断变动。在不同经济发展阶段，即使是同一国家(地区)同一行业采用的同一标准，取值区间也可能变化，如日本在 20 世纪 40 年代将从业人员 100 人以下的企业界定为中小企业，1946 年将从业人员 200 人以下的企业作为中小企业，1950 年又规定中小企业为从业人员 300 人以下或资本额 1000 万日元以下的企业；1963 年制定《中小企业基本法》，规定了不同行业划分中小企业的标准；"

最后是中小企业本身的相对性。所谓中小企业就是指相对于同行业大型企业而言规模较小的企业，但中小企业会成长为大企业，大企业也同样可能衰退甚至故意分解为中小企业。

2.定性界定标准

定性界定标准一般包括三个特征：独立所有、自主经营、较小市场份额。"独立所有"是多数定性界定的必要条件，但各国间亦有细微差别，如美德都强调"独立所有"，美国认为，只要业主持有 50％以上的股权，就可看作"独立所有"而无论企业是否上市。德国则认为上市企业不是"独立所有"，不属于中小企业。"自主经营"是指业主本人控制自己的企业，但各国把握此标准的方法不一，如英国强调所有者（经营者）必须不受外部支配，以色列则强调业主自承担全部或大部分管理职能。"较小市场份额"的表达有直接和间接两种方式，如加拿大直接规定为"在其经营领域不占垄断地位"，意在防止垄断、鼓励竞争；德国则通过"不能从资本市场融资"和"对企业进行个人或家族管理"两个条件作了间接表达。通过以上分析可以发现，即使是定性标准，也存在一定的相对性。

定性标准相对于定量标准的优点主要在于：首先，该标准反映了企业内部具有生命力的特征，更具稳定性，有助于从长远角度把握中小企业这一范畴；其次，就本质而言，中小企业备受关注，主要是由于其在竞争中先天的弱势地位，政府扶持中小企业是为了弥补市场缺陷、保护公平竞争以促进整个社会经济效率的提高，定性标准以是否在行业中占垄断地位作为一条分界线，为政府政策提供了决策证据。

2.1.2 美国、日本、欧盟及台湾地区中小企业最新界定标准

美国关于中小企业的界定比较简单，即：员工人数不超过 500 人的企业为中小企业。这种简单明了的界定标准有利于在各个不同的部门形成共识、协调行动。不过，它不能反映不同行业的不同特征，也限制了政府在制定政策时的灵活空间。因而在实践中，有的部门可能采取变通措施，比如，在服务业，规定员工人数不超过 100 人的企业为中小企业，以更好地符合服务业的特征。有时，还采用"只要企业在其行业内不占统治地位就是中小企业"的定性标准来增加政策的灵活性。

日本对中小企业的界定按照行业设置，而且有复合标准。日本对制造业、批发业、零售业和服务业分别规定了中小企业的界定标准，同时，针对每个行业，都设定了从业人员和资本额两个标准，只要符合其中一个标准，就可认定为中小企业。具体内容如下：对于制造业等行业，从业人员 300 人以下或资本额 3 亿日元以下，为中小企业；对于批发业，从业人员 100 人以下或资本额在 1 亿日元以下；

对于零售业,从业人员在 50 人以下或资本额在 5000 万日元以下;对于服务业,从业人员在 100 人以下或资本额在 5000 万日元以下。日本对中小企业的界定标准较好地反映了经济现实,也增加了政府政策的灵活性。

1998 年欧盟委员会对中小企业的界定标准为:企业雇员人数在 250 人以内且年产值不超过 4000 万埃居,或者资产年度负债总额不超过 2700 万埃居,且不被一个或几个大企业持有 25% 以上股权的企业为中小企业。

2000 年初,欧委会建议使用以下标准衡量企业规模:

(1)雇员人数 50 人以下为小型企业,50—250 人为中型企业,250 人以上为大型企业;

(2)资产额 250 万欧元以下为小型企业,250—1000 万欧元为中型企业,1000 万欧元以上为大型企业;

(3)营业额 500 万欧元以下为小型企业,500—2000 万欧元为中型企业,2000 万欧元以上为大型企业。

台湾地区当前中小企业界定标准大致与日本相似,都具有分行业特征和复合性特征。当然,台湾省中小企业界定标准中对行业的划分与日本不同,日本采用的是“制造业等行业、批发业、零售业和服务业”的四分法,而台湾地区采取的是“制造业、矿业与土石开采业、服务业”的三分法。日本的划分方法采用的复合标准与台湾也有所不同,日本采用的是从业人员和资本额的复合,而台湾在制造业和矿业与土石开采业采取了经常雇佣人数和资本额的复合,但在服务业则采用了经常雇员人数和营业额的复合。具体地讲,在我国台湾地区,经常雇员人数在 200 人以下或资本额在 8000 万元新台币以下的制造业企业、矿业与土石开采业企业为中小企业;经常雇员人数在 50 人以下或营业额在 1 亿元新台币以下的服务业企,为中小企业。

2.1.3　我国中小企业的界定

我国对中小企业的界定,在新中国成立之后先后经历了几次调整。第一次是在 20 世纪 50 年代,企业规模的界定主要按照企业拥

有的职工人数来划分：3000 人以上的为大型企业，500—3000 人的
为中型企业，500 人以下的为小型企业。

第二次是 1962 年，将原来的划分标准改为按固定资产价值划
分企业规模。当时主要着眼于大型企业的界定，并把大型企业以外
的企业都视为中小企业。

第三次是 1978 年，国家计委发布《关于基本建设项目的大中型
企业划分标准的规定》，把划分企业规模的标准改为"年综合生产能
力"。1984 年，国务院《国中小企业国际化理论与实践研究价企业第
二步利改税试行办法》对中国非工业企业的规模按照企业的固定资
产原值和生产经营能力创立了划分标准，主要涉及的行业有公交、
零售、物资回收等国营小企业。

第四次是 1988 年，我国对 1978 年的标准进行了修改和补充，按
不同行业的不同特点进行分别划分，划分的主要依据是以实物产量
反映的生产能力和固定资产原值，将企业规模分为特大型、大型（分
为大一、大二两类）、中型（分为中一、中二两类）和小型四类六档，当
时的中小企业一般指中二类和小型企业。1992 年又对 1988 年划分
的标准作了补充，增加了对市政公用工业、轻工业、电子工业、医药
工业和和机械工业中的轿车制造企业的规模划分标准，但对原有标
准并未进行调整。

1999 年再次修改了中小企业的界定标准，将销售收入和资产总
额作为主要考察目标：分为特大型、大型、中型、小型四类，其中年销
售收入和资产总额都超过 50 亿元以上的为特大型企业，都在 5 亿元
以上的为大型企业，年销售收入和资产总额均在 5 亿元以下，5000
万元以上的为中型企业，年销售收入和资产总额均在 5000 万元以
下的为小型企业，参与划分的企业范围原则上包括所有行业各种所
有制形式的工业企业。

2001 年，根据国家经贸委中小企业司的领导透露，我国对中小
企业的界定将突破一些限制。一方面，将会以货币形式对企业的资
产进行整合，突破只考虑固定生产资料等不能真正反映企业真实能
力的实物形态的局限；另一方面，将会考虑企业的就业人数和行业

特点,重点把流通领域、服务行业纳入其中,还要把非公经济考虑在内。

《中华人民共和国中小企业促进法》已经于 2002 年 6 月 29 日第九届全国人民代表大会常务委员会第二十八次会议通过,2003 年 1 月 1 日起开始实施。该法第一条规定:"本法所称中小企业,是指在中华人民共和国境内依法设立的有利于满足社会需要,增加就业,符合国家产业政策,生产经营规模属于中小型的各种所有制和各种形式的企业。中小企业的划分标准由国务院负责企业工作的部门根据企业职工人数、销售额、资产总额等指标,结合行业特点制定,报国务院批准。"

为贯彻实施《中华人民共和国中小企业促进法》,按照法律规定,国家经贸委、国家计委、财政部、国家统计局研究制订了《中小企业标准暂行规定》。2003 年 2 月 19 日,国家经济贸易委员会、国家发展与改革委员会、财政部、国家统计局联合发一个文件《关于印发中小企业标准暂行规定的通知》,并在通知中指出:"《中小企业标准暂行规定》中的中小企业标准上限即为大企业标准的下限,国家统计部门据此制订大中小型企业的统计分类,并提供相应的统计数据;国务院有关部门据此进行相关数据分析,不再制订与《中小企业标准暂行规定》不一致的企业划分标准;对尚未确定企业划型标准的服务行业,有关部门将根据 2003 年全国第三产业普查结果,共同提出企业划型标准。"

这次公布的中小企业标准暂行规定根据《中华人民共和国中小企业促进法》制定,适用于工业,建筑业,交通运输和邮政业,批发和零售业,住宿和餐饮业。其中,工业包括采矿业、制造业、电力、燃气及水的生产和供应业。其他行业的中小企业标准另行制定。中小企业标准根据企业职工人数、销售额、资产总额等指标,结合行业特点制定,具体标准为:

工业,中小型企业须符合职工人数 2000 人以下,或销售额 30000 万元以下,或资产总额为 40000 万元以下。其中,中型企业须同时满足职人工数 300 人及以上,销售额 3000 万元及以上,资产总额 4000 万元以上；其余为小型企业。

建筑业，中小型企业须符合职工人数 3000 人以下，或销售额 30000 万元以下，或资产总额 40000 万元以下。其中，中型企业须同时满足职工人数 600 人及以上，销售额 3000 万元及以上，资产总额 4000 万元及以上；其余为小型企业。

批发和零售业，零售业中小型企业须符合职工人数 500 人以下，或销售额 15000 万元以下。其中，中型企业须同时满足职工人数 100 人及以上，销售额 1000 万元及以上；其余为小型企业。批发业中小型企业须符合职工人数 200 人以下，或销售额 30000 万元以下。其中，中型企业须同时满足职工人数 100 人及以上，销售额 3000 万元及以上；其余为小型企业。

交通运输和邮政业，交通运输业中小型企业须符合职工人数 3000 人以下，或销售额 30000 万元以下。其中，中型企业须同时满足职工人数 500 人及以上，销售额 3000 万元及以上，其余为小型企业。邮政业中小型企业须符合职工人数 1000 人以下，或销售额 30000 万元以下。其中，中型企业须同时满足职工人数 400 人及以上，销售额 3000 万元及以上；其余为小型企业。

住宿和餐饮业，中小型企业须符合职工人数 800 人以下，或销售额 15000 万元以下。其中，中型企业须同时满足职工人数 400 人及以上，销售额 3000 万元及以上；其余为小型企业。

在以上规定中，职工人数以现行统计制度中的年末从业人员数代替；工业企业的销售额以现行统计制度中的年产品销售收入代替；建筑业企业的销售额以现行统计制度中的年工程结算收入代替；批发和零售业以现行统计制度中的年销售额代替；交通运输和邮政业，住宿和餐饮业企业的销售额以现行统计制度中的年营业收入代替；资产总额以现行统计制度中的资产合计代替。

该规定适用于在中华人民共和国境内依法设立的各类所有制和各种组织形式的企业。企业类型的确认以国家统计部门的法定统计数据为依据，不再沿用企业申请、政府审核的方式。本标准自公布之日起施行，原国家经贸委等五部委 1988 年公布的《大中小型工业企业划分标准》及 1992 年公布的该标准的补充标准同时废止。

2.1.4　本文对中小企业的界定

从理论上讲中小企业一般是指规模较小的或处于创业阶段和成长阶段的企业,包括规模在规定标准以下的法人企业和自然人企业。在社会认同和制订扶持政策的实践中,对中小企业也有广义和狭义两种理解。广义的中小企业,一般是指除国家确认的大型企业之外的所有企业,包括中型企业、小型企业和微型企业(雇员人数在8 人以下的具有法人资格的个人独资企业、合伙企业以及工商登记注册的个体和家庭经济组织);狭义的中小企业则不包括微型企业。

从美国、日本、欧洲和台湾地区对中小企业的界定来看,各国对小企业的界定可以分成定量和定性两种界定方法。定量的界定方法主要用一定的数量标准来界定中小企业,主要是企业的雇员人数、资本额、销售收入等。当然,这些数量标准是相对的,会因国家、地区、行业和经济发展水平的不同而有较大的差异。而定性界定一般从企业质量和地位两个方面进行界定,试图从本质上判断其在竞争中是否具有先天的弱势地位。一般定性界定标准包括三个特征,要看是否独立所有(如要求业主持有 50% 以上的股权)、自主经营(要求业主本人控制自己的企业)、较小的市场份额(如要求在其经营领域不占垄断地位、不能从资本市场融资等)。

因此,本文将中小企业按照定性和定量相结合的方式,对我国的中小企业做了如表 2-1 中的界定。

表 2-1　中小企业的界定

	资产总额	年销售额	所有权	经营方式	市场份额
小型企业	低于 5000 万	低于 5000 万	独立所有 (业主持有% 以上股权)	自主 经营	不占垄 断地位
中型企业	5000 万—5 亿	5000 万—5 亿			
大型企业	5 亿—50 亿	5 亿—50 亿			
特大型企业	50 亿以上	50 亿以上			

2.2　民营企业的界定

明确民营企业首先须明确何为"民营"？在中国，"民营"这一概念的出现最早可追溯到 20 世纪 30 年代。1931 年，一位名叫王春圃的学者发表了著作《经济救国论》，首次提出了"民营"这一概念。在该著作中，他将由国民党政府官营的企业称为"官营"，而把由民间投资经营的企业称之为"民营"。1942 年毛泽东在《抗日时期的经济问题与财政问题》中提出："只有实事求是地发展公营和私营的经济，才能保障财政的供给。""如果不发展人民经济和公营经济，我们就只能束手待毙。"这里的"私营经"、"人民经济"，毫无疑问就是"公营经济"以外的经济成份，即"民营经济"。但由于"左"的思想的干扰，一直到"文革"前，私营经济在中国几乎绝迹。

现代意义上的"民营"概念起源于 1980 年。1980 年 10 月，中国科学院的陈春先等人，在科技体制改革和世界新技术革命浪潮的推动下，率先在中关村创办了全国第一家民办科技企业，谓之"民办"，开创了民办科技企业的先河。由于民办科技企业适应了潮流的发展，很受市场欢迎，并随着中共中央、国务院关于科技体制改革决定的发布获得了迅速发展。1987 年 12 月，中共中央、国务院组织有关部门进行了深入调研，并向中央领导做了汇报，并得到了首肯，于是1988 年 5 月批准在北京中关村建立全国第一个高新技术产业开发区。良好的政策与地域环境，民办科技企业获得了发展壮大的机遇，企业规模、产品也逐步与国际接轨，并形成了四通、联想及北大方正等一批民办高新技术企业，成为中国对外开放的亮点与窗口。在这些取得成功的高新技术企业中，既有国家办的，也有集体及私人办的。1993 年 7 月，国家科委在河南郑州召开的全国民营科技型企业工作会议上国家科委、国家体改委颁发了《关于大力发展民营科技型企业若干问题的决定》的文件，决定统一提法，正式将"民办"科技企业更名为"民营"。1999 年 8 月在中共中央、国务院召开的

"技术创新大会"的决定中指出,要大力发展民营科技企业。在政府文件中正式使用"民营"这一概念。但即便如此,在中国现有的官方文件中却从未对"民营"进行过准确的界定。《汉语大词典》将"民营"解释为"民间经营",即非政府经营。笔者认为这比较客观地描述了民营企业的特征,并由此可以得出民营与国营是一对对立统一的概念,均是企业经营的实现形式,即属于经营机制的范畴,而非所有制意义上的概念,即民营与生产资料是否私有无必然的、直接的联系。换句话说,民营企业不一定是私营企业。民营的实质在于不改变原有产权关系的前提下,由产权使用人独立自主地经营企业,即产权使用人拥有企业的决策权、资产处置权、劳动用工与劳动报酬分配权,但产权所有人不是政府或其代表,而是普通的"民"。

综观这些关于民营企业的研究成果,在对民营企业进行定义时,有的是从经营者角度,有的是从所有制角度,本文不想去进行详细论述,概括而言,目前对民营企业的理解主要可分为以下四种。

1. 宽派

以中国社会科学院经济研究所研究员晓亮为代表的学者一致认为:"民营不是所有制概念,而是以经营主体不同而划分的概念。"具体地说,"民营是相对于国有国营,官办官营说的。因此,凡不是国有国营,就是民营,不是官办,就是民办。民营不等于非公有。民营也不等同于私营。民营比私营要宽"。在中国现实状况下,"民营大体上相当于非国有国营"。民营在现实中包括七块,个体、私营为一块,乡镇企业为一块,民营科技企业一块,股份合作制企业一块,这四块中有交叉,但又独立存在。此外还包括股份制企业里面国家不控股的企业、"三资"企业里面国家不控股的企业、国有民营、公有私营(所有制不变,但经营主体发生变化)。

2. 次宽派

由于外资经济本身的特殊性,有人将外资经济排除出民营企业,从而认为民营企业包括六种,即不包括宽派中的外资经济。

3. 中派

以北京天则经济研究所理事长茅于轼研究员为代表,在其与张玉仁合作完成的亚洲开发银行课题报告《中国民营经济的发展与前景》(2001)中,他们明确提出:"本报告所称的民营经济包括个体户和私营经济两大部门"。也就是说,根据他们的观点,民营企业包括个体工商户和私营企业两类。

4. 窄派

基本上将民营企业等同于私营企业。

结合上述对"民营"的分析及中国民营企业发展的客观实际,本文在研究过程中所指的民营企业与次宽派基本一致,并主要从产权角度进行分析,即民营企业包括全部私营企业,部分集体企业、部分股份制企业以及极少数国有企业(指被私人企业或个人承包、租赁的国有企业)。当然由于资料搜集的困难及统计上的原因,本文在进行分析时无法涉及到这一概念所包括的所有民营企业。

2.3 国际化理论综述

2.3.1 国际化的定义

关于企业国际化(Internationalization of firms)的定义,不同学者的定义不同,但主要有以下四种观点。

第一,企业国际化是企业由国内市场向国际市场发展的渐进演变过程。20 世纪 70 年代,Carlson, 1975; Forsgern & Johanson, 1975; Johanson & Wiederheim-Paul, 1975; Johanson & Vahlne, 1977,提出了企业国际化阶段理论,即 Uppsaza International Model,简称 U—M 模型。该模型认为,企业国际化是一个发展过程,是企业对国外市场逐渐提高承诺(Incremental Commitment)的连续(Sequential)过程。

第二,企业国际化是企业参与国际产品及要素市场竞争的一种行为表现。麻省理工学院 Richard D. Robinson 教授在其著作《企业国际化导论》中提出:国际化的过程就是产品及生产要素流动性逐渐增大的过程。

第三,企业国际化是指企业的跨国活动。英国学者 Stephen Young 在《国际市场进入和发展》一书中指出:企业国际化是指企业跨国经营的所有活动及其方式,这些活动及其方式包括产品出口、直接投资、技术许可、管理合同、交钥匙工程、国际分包生产和特许经营等。

第四,企业国际化是指企业走向世界的过程。梁能教授在《国际商务》中阐述:企业走向世界的过程可以从两方面讨论,其一是企业经营的国际化,即产销由一国走向世界;其二是企业自身的国际化即由一个土生土长的地方企业演变为跨国企业。

本文倾向于英国学者 Stephen Young 的观点,认为企业国际化是指企业跨国经营的所有活动及其方式,这些活动及其方式包括产品出口、直接投资、技术许可、管理合同、交钥匙工程、国际分包生产和特许经营等。

2.3.2 国际化理论综述

2.3.2.1 基于贸易的跨国经营理论

1. 新古典主义和马克思主义的学说

传统的新古典主义理论认为,发达国家由于资本充裕、劳动力稀缺,在进行国际交易之前,必须支付高工资,导致利润率低下,因而向劳动力充裕的欠发达国家出口资本密集型产品;或者,作为对出口的部分替代,通过向欠发达国家的直接投资来输出资本。所以,资本从资本充裕的低利率国家流向那些资本稀缺的高利率国家。

传统的古典经济学和马克思主义经济学得出的结论比较相似。它们都认为,在发达的资本主义国家,利润率趋于下降,从而刺激了对欠发达国家的投资,使得资本能产生更多的利润。亚当斯密认为,如果母国的利润率由于竞争激烈而下降,那么,对于发展中国家的投资就会成为剩余资本的出路;马克思则认为,发达国家因为国内消费或需求的不足,就通过对外投资和贸易,到发展中国家与地区寻求新市场。

2. 产品生命周期理论(PCM,Product Cycle Model)

生产周期本身是一个纯粹的微观经济概念,而 Vernon 在 1966 年用这一概念来讨论国际贸易和国际收支问题。Venon 对传统贸易理论的批评,引起了人们对美国公司在欧洲日益增加的国际生产活动的关注。根据 H—O—S(赫克歇尔—俄林—萨缪尔森)理论,即要素禀赋论和要素价格均等化理论的观点,贸易最容易发生在要素禀赋差异大的国家之间。

在 20 世纪 50 年代,一些学者开始关注技术因素的影响。Leontief 在 1954 年指出美国出口行业的有技能的劳动力的重要性。60 年代初期,关于国际贸易理论的两篇重要论文问世,Posner 以创新和较快的学习为基础,在 1961 年提出"技术差距论";Linde(1961)认为,贸易的主要动机是收入水平和需求模式的相似性,从而指出,贸易流主要发生在要素禀赋相似的国家之间。

PCM(产品周期模型)试图把 Posner 和 Linde 的国际贸易理论结合起来,认为美国的高收入和需求鼓励了创新,尤其是用节省劳力的技术生产耐用消费品,来满足高收入消费者的要求。这就使得美国公司拥有竞争领先优势,并可以首先通过出口,既而通过到出口市场(欧洲)作进口替代型的投资来发挥优势。最后当产品成熟时,广大发展中国家家开始获得产品生产的比较优势,美国成为这一产品的进口国。

3. 小岛清(Kojima)的边际产业理论

日本经济学家小岛清根据日本的对外投资特点,创立了"小岛清"模式,他用比较优势原理,提出"边际产业扩张论",并对产品周期模型提出了批评。所谓边际产业,是指已经或即将处于比较劣势的产业。小岛清认为,国际直接投资有两种不同类型,即:进口替代型投资(贸易替代)与出口平台型投资(贸易创造)。这两种类型的投资对贸易的效应不同,进口替代型投资减少了福利,而出口平台型投资增进了福利,Kojima 称前者为"美国式",后者为"日本式"。"美国式"的对外直接投资采用"反贸易导向的投资"(Con-trade Oriented Investment），也就是通过投资，将具有比较优势的产业转移到西欧，使双方的比较成本差距减少，损害了双方应当享受的国际分工和扩大贸易的好处。因此，"美国式"投资是以投资代替贸易。而"日本式"的对外直接投资是"顺贸易导向的投资"（Pro-trade Oriented Investment），即按"边际产业"顺序进行对外直接投资，有利于扩大双方的比较成本差距，有利于贸易的扩大。在此基础上，Kojima提出了"日本式"对外直接投资理论：一国应该从已经或即将处于比较劣势的产业开始对外直接投资，并投向在这些产业拥有潜在优势的国家。作为一种推论，Kojima & Ozawa(1985)提出，当国际生产按照动态比较优势，帮助每个国家重构产业时，全球福利会增加。

除了出口平台型投资外，另一位日本学者 Ozawa(1979,1982)还十分关注资源型投资。对于经济处于快速增长期的国家，尤其是象日本这样缺乏自然资源的岛国，国内的扩张速度会受制于资源的可获得性。因此，母国的跨国公司对资源开发型的海外投资很感兴趣，视之为给国内市场提供资源的途径。当它们在母国和其它工业国发展制造业时，它们希望让资源加工和简单的制造活动接近资源的开采地。在这种情况下，跨国公司的目标便与东道国的发展战略相一致。

Kojima-Ozawa 的研究对处于快速发展阶段的国家尤其适合，比如当年的日本、德国或新兴工业国。当本土企业注重创新并稳步对国内活动进行升级时，它们会有兴趣把低技术的生产转移至处于较低发展阶段的国家。尽管它们依然拥有维持简单生产的技术和组织诀窍，但到较落后的外国去进行生产，比在相对发达的本国从事高附加值的活动会更有利可图。因此，企业会把成熟的生产线转移至相对落后的国家。

小岛清对"美国式"与"日本式"对外直接投资的划分，在学术界引起了很大的反响，褒贬不一。该理论比较符合 20 世纪六七十年代日本的国际直接投资的状况，当时日本跨国公司主要在东南亚投资资源型产业，但现在看来，日本的跨国公司对在美欧的寡头垄断型投资和对发展中国家的资源导向型和出口平台型的投资至少给于了同样的关注,然而这种划分并不具有长远的普遍意义。Kojima 曾于 1978 年宣称,日本跨国公司与美国跨国公司的区别在于日本公司缺乏技术上的比较优势,它们致力于发展中国家的资源开发与工业化,而不是与其它发达国家的跨国公司作寡头竞争。如今看来,这不过是日本跨国公司早期发展阶段的反映罢了。

2.3.2.2 基于外国直接投资的跨国经营理论

1."投资—发展"周期理论及其扩展

Dunning(1982)首先提出的"投资—发展"周期理论具有通用性,它旨在从动态的角度解释一国的经济发展水平和国际直接投资地位之间的关系。他通过对 56 个国家人均 GNP(1967—1979 年)和人均对外直接投资额的实证研究,发现一国对外直接投资的多少与一国的经济发展水平存在相关性。随后,Narula(1996)和 Dunning & Narula(1996)对此进行了拓展。他们认为,不同国家的直接投资内流与外流以及两者的余额,取决于国家的发展阶段。Dunning 的"投资—发展"周期理论从动态的角度说明了一国的经济发展水平与国际直接投资的总体趋势,从宏观上构建了一国对外直接投资的演进模式。

Tolentino(1993)和 Hobday(1995)对 20 世纪 70 年代以来的经验研究表明,这种模式需要进行某种修正。如今,各国在更早的发展阶段就更加迅速地从事对外直接投资,除了日本、德国的跨国公司的迅速成长之外,大批的工业化小国和第三世界国家成为重要的对外直接投资输出国,日益增长的生产国际化已经成为普遍现象。20 世纪 80 年代中期以后,发展中国家对外投资出现了加速增长的趋势,而且,一些新兴工业化国家和地区的对外直接投资投向了发达国家,成为当地企业强有力的竞争对手。

Dunning(1986)对"投资—发展"周期理论作了进一步阐述,他认为跨国公司对外直接投资的特征、组成及水平随着国家的发展阶段而变化。早期的对外投资通常是资源型的,然而随着公司趋于成熟,它们不再局限于对单一的活动或产品的投资,在选择不同类型的生产地点时会采用更加国际化的视角。这类跨国公司直接组织了国际劳动分工,因此,其行为及所有权优势更加独立于母国的状况。

Cantwell 和 Tolentino(1990)扩展了这一观点,认为各国的对外直接投资本身也有一个发展过程。跨国公司从技术要求有限的资源导向型活动,逐步向更复杂的制造类型转变。对欧洲和美国的成熟的跨国公司而言,这一演进过程已经持续了 100 多年,而且投资的产业组成、地理组成都在发生变化,比如,对发展中国家的资源型投资正在被对工业化国家的研究型投资所取代。而 20 世纪 60 年代以来日本跨国公司的演变所经历的时间要短得多。

Cantwell 等人还分析了第三世界国家对外直接投资的产业特征和地理特征,指出:尽管第三世界的跨国公司远未达到日本跨国公司的先进程度,但其产业与地理组成的演进速度要远远快于传统的资本输出国(Cantwell & Tolentino,1990)。由于业务的国际化已经成为各国企业的普遍趋势,第三世界的跨国公司比工业化国家的公司在更早的发展阶段就开始了国际扩张。根据 Cantwell 等人的研究,第三世界的跨国公司对外直接投资的产业和地理分布会随着时间的推移而逐步变化。在产业分布上,首先是以资源开发为主的纵向一体化生产活动,然后是进口替代和出口导向为主的横向一体化生产活动。在海外经营的地理扩张上,发展中国家的跨国公司在很大程度上受"心理距离"的影响,其对外直接投资遵循以下的发展顺序:首先在周边国家进行直接投资,充分利用种族关系;随着海外投资经验的积累,种族因素的重要性下降,逐步从周边国家向其它发展中国家扩展直接投资:最后,在积累经验的基础上,随着发展中国家工业化程度的提高和产业结构的变化,第三世界的跨国公司开始从事高科技领域的生产和开发活动;同时,为了获取更加先进的制造业技术,开始向发达国家投资。此外,发展中国家对外直接投资还受其国内产业结构和内在的技术创新能力的影响。

2.市场内部化理论

市场内部化理论是解释跨国公司海外直接投资动机和决定因素的一种广为流行的理论。通过建立内部市场,跨国公司将赢得内部化所孕育的全部优势和潜在利益。该理论的主要代表人物是英国里丁大学的学者巴克利(P. J. Buckley)、卡森(M. Casson)和加拿大学者拉格曼(A. M. Rugmall),主要著作有《跨国公司的未来》、(Buekley & Casson,1976)、《跨国公司的选择》(Casson,1979)和《跨国公司内幕》)(Rugman,1952)。

内部化的概念起源于1937年科斯(Rollald H. Coase)所著的《企业的性质》(The nature of the firm)。巴克利、卡森从科斯的理论得到启示:只要在某个地方国际资源配置内部化比利用外部市场的交易成本低,企业就会利用这种方法将其所拥有的特殊优势资本化和跨国化,也就是说,跨国公司是市场内部化过程的产物。因此,市场内部化理论的渊源可以追溯到科斯定理,是交易成本理论在国际投资领域的发挥。

内部化理论认为,市场不完全并非指规模经济、寡占或关税壁垒等,而是指由于市场失效,以及某些产品的特殊性质(如知识产品在一定时期内具有"自然垄断"的性质)或垄断势力的存在,导致外部市场的交易成本增加,企业因此把市场内部化。该理论的主要内容是:

外部市场失效是市场内部化的关键性前提。巴克利和卡森等人承袭了海默的不完全市场的假设,强调中间产品尤其是知识产品,市场的不完全,使得企业无法充分利用外部市场有效地协调其经营活动。于是,跨国公司通过对外直接投资,建立海外子公司,以企业内部市场取代外部市场,使资源和产品在企业内部得到合理的配置和充分的利用。

中间产品市场不完全,尤其是知识产品的特性,是促成内部化市场形成的重要因素。由于市场和企业是组织、配置要素和商品交换的两种基本途径,当企业内部交易成本低于外部市场交易成本时,交易应在企业内部即跨国公司所属各企业间进行,从而形成一个内部交易、内部转让的内部化市场。中间产品市场的不完全,使得企业不能有效地利用外部市场来协调其活动,因此,为了追求利润最大化,面临上述不完全市场的企业将力求使中间产品在其体系内实行内部化转移,以避免外部市场不完全对企业经营的影响。当然,市场内部化不可避免地要增加成本,比如信息控制成本、通讯联络成本、国际风险成本等,但只要内部化进程所得到的优势能抵消且大于上述增加的成本,市场内部化就会成为现实。

内部化过程超越国界,跨国公司便应运而生,因此,内部化优势促成了企业的海外直接投资。但内部化优势并不是指使企业拥有特殊优势的这种资产本身,而是指这种资产的内部化过程相对于把该资产卖给外国生产者而言,赋予跨国公司的优势。可见,市场内部化的实质是以有效的行政机构代替被扭曲的市场结构,跨国公司海外直接投资是为了更加有效地转让技术和知识,避免因交易不确定性所导致的高交易成本。

内部化理论比较系统地总结和吸收了早期的跨国公司理论,从市场内部化的角度解释跨国公司的对外直接投资行为,揭示了外部市场与跨国经营之间的一些重要关系,极大地补充和完善了跨国公司理论。但它无法解释对外直接投资的时机、区位及其与跨国经营战略的联系,缺乏对世界经济环境或宏观经济影响的分析。而且,市场内部化优势在商品经济社会中是始终存在的,而企业海外直接投资是商品经济发展到一定阶段的产物,因此,市场内部化不足是阐释海外直接投资的初始动力。

3. 国际生产折衷理论

国际生产折中理论是英国学者邓宁(John Dunning)于 1976 年在其代表作《贸易、经济活动的区位与多国企业:折衷理论的探索》中提出的。他运用折中主义的方法对各种跨国公司理论进行了概括性和综合性的分析,提出了跨国公司折中理论。1981 年,邓宁出版了名为《国际生产与跨国企业》的论文集,进一步把折中理论系统化、理论化、动态化。

邓宁的理论借鉴并综合了以往国际生产理论之精华,故又称为"国际生产综合理论",其理论的核心思想由三项优势构成,其一继承以海默为代表的垄断优势的观点;其二吸收了巴克利、卡森的内部化优势的概念;其三提出了区位优势理论,并把这三项优势分别

命名为所有权优势(ownership advantage)、内部化优势(internaliza-
tion advantage)和区位优势(location advantage),即"三优势模式"。

该理论的核心内容是,企业从事海外直接投资是由该企业本身
所拥有的所有权优势、内部化优势和区位优势等三大基本因素共同
决定的。所有权优势主要是指企业拥有或者能够得到的别国企业
没有或难以得到的无形资产和规模经济优势,具体包括技术优势、
企业规模经济优势、组织管理优势、金融与货币优势等。

跨国公司所拥有的所有权优势的大小直接决定其从事海外直
接投资的能力,显然,该观点承袭了海默—金德尔伯格理论的传统
思想;内部化优势是指企业为避免市场的不完全性而将企业的所有
权优势保持在企业内部所获得的优势。邓宁认为,公司的国际竞争
力不只来自垄断优势,而且来自垄断优势的内部化,企业将其所有
权优势内部化,可避免世界资源配置的外部市场不完善性对企业经
营造成的不利影响,保持和利用企业技术创新的垄断地位,从而有
利于获取最大的利润。显然,邓宁有关内部化优势的观点借鉴了巴
克利、卡森等人的市场内部化理论;区位优势是指国内外生产区位
的相对禀赋对跨国公司海外直接投资的吸引与推动力量。

在现实经济生活中,区位优势是由东道国和母国的多种因素综
合决定的。如果东道国经济中的有利因素吸引外国投资者前去投
资,则形成直接区位优势,比如,丰富的自然资源、潜在的市场容量、
良好的投资环境等。如果母国经济中的不利因素迫使企业到海外
从事直接投资,则称之为间接区位优势。概括而言,区位优势主要
取决于:劳动力成本、市场购销因素、政府政策、心理距离等。邓宁
有关区位优势的观点,不仅吸收了传统国际贸易理论关于国家比较
优势的思想,而且承袭和发展了不少国际经济学者有关区位因素的
分析。

邓宁在阐述三种优势的基础上,根据它们的不同组合来说明跨
国公司如何在技术转让、出口和海外直接投资三种国际商务方式之
间作出选择。如果一个企业仅拥有所有权优势,则可以选择许可证
贸易的方式进行技术转让;如果企业拥有所有权优势和内部化优

势,但没有区位优势,则企业将选择国内生产然后出口的方式:只有企业同时具备三种优势,才会选择对外直接投资。

国际生产折中理论作为迄今为止最完备的、最广为接受的综合性国际生产模型,对各家学说兼收并蓄,创建了"一个关于国际贸易、对外直接投资和国际合同安排三者统一的理论体系",因而该理论的适用范围比较广、解释性比较强。

但该理论没有说明三大优势的相互关系及其在时间过程中的动态发展,同时,将所有权优势分离出来单独存在的合理性值得怀疑,在逻辑上是多余的。而且该理论的特色是平庸的折中和杂烩式的兼容,并不是一种独辟蹊径的新论,而且,没有超出厂商理论的框架,未涉及社会经济活动关系和战后国际政治经济环境的重大变化,与国际直接投资的实践活动时有脱节,不能从根本上揭示跨国公司海外直接投资的本质及其发展的社会历史条件。

4. 特定优势理论

20 世纪 60 年代初,Stephen H. Hymer 对"国际投资的原因在于各国利率的差异"的传统理论提出了质疑并加以批判,后来逐步发展完善成为特定优势理论,也称所有权优势理论。该理论吸收了产业组织理论的观点,并将理论建立在不完全竞争的假设上。该理论认为要解释二战后的企业国际经营现象,必须放弃传统国际资本流动中关于完全竞争的假设,从不完全竞争的角度进行研究。该理论明确指出了国际直接投资和国际间接投资的区别,认为直接投资最主要的特点是与控制权紧密联系。他强调拥有或者获得金融的有利条件并不是直接投资的充分条件,而企业利用市场的不完全性所产生的企业特定优势对海外业务进行控制,以抵消当地企业的优势而获得足够的回报才是企业对外直接投资的根本原因。企业到国外进行投资,其主要原因是它拥有特定优势,即垄断优势,并力图借此优势去牟取更大利润,后来海默又将其特定优势称为"所有权优势"。所有权优势主要包括以下四类:技术优势、消费者认同优势、市场优势以及投入优势。

特定优势理论抛弃了古典西方经济学中自亚当·斯密以来以

完全竞争为前提假设的经济学理论分析框架,而从市场缺陷与国际直接投资之间的内在关联入手,开创了企业国际经营研究的崭新体系。它将直接投资与间接投资区分开来进行分析。明确指出不能用国际间利率差异来解释国际直接投资,这为解释那些通过在当地资本市场筹款,以实物形态如工业产权、技术或机器设备进行投资的直接投资现象指明了一条思路。另外,对于以往理论中未能完美解释的资本双向流动问题、资本相对稀缺的国家对外直接投资问题,垄断优势理论也进行了比较贴切的解释。

但是,该理论是基于美国制造业对外投资经验而进行的国际直接投资活动的局部分析,缺乏足够的普遍意义来完全解释其他国家如日本,其他行业如服务业的对外直接投资行为。而且,它将市场的不完全性着重放在对结构性市场缺陷的认识上,并以此为基础归结企业国际化经营垄断优势的获得,但对于现实生活中所存在的信息不完全、运作低效率等自然市场缺陷的理解和贯彻其微,自然市场缺陷所产生的高昂的交易成本有时也将直接促成企业开展国际经营,但在垄断优势理论中并没有得到充分的研究。

5. 区位优势理论

区位优势理论由 Southard 于 1953 年提出,用于研究国内资源的区域配置问题。后来 Walter Isare 将其发展成为用于解释对外直接投资的区位理论。该理论认为,国际企业之所以向某个特定区位进行直接投资,是由于它要获取一定的区位优势,而这些优势可能是其他东道国所不具备的。国际市场上的某个区域,包括以下这些被外国直接投资者所关心的区位因素。(1)生产要素。企业对外直接投资,在资源丰富的国家建立子公司,是为了获得廉价的原材料和劳动力等生产要素。(2)市场位置与潜力。企业对外直接投资,在目标市场附近建子公司,就可以按当地市场供求关系调整产品的品种和质量,节约运输和销售成本,有利于展开市场服务公关等工作,进而在目标市场上取得竞争优势。(3)贸易壁垒。企业对外直接投资,在东道国建立子公司,可以跨越东道国的灌水与非关税壁垒障碍,以当地生产者的身份向市场提供产品。(4)经营环境。有些国家社会安定、基础设施优良、税收水平低,甚至还有各种吸引外资的优惠政策,企业往往更愿意到该地区投资建厂,以便在风险较小的情况下,提高利润水平。

因此,具有区位优势的东道国,也就是劳动力低,要素成本低,运输成本低,市场潜力大的地区。实行贸易保护主义的地区,国家风险低,基础设施好、人口素质高的地区等,是国际企业对外直接投资的热点,亦是外国投资多的场所。

2.3.2.3 基于企业国际发展阶段的跨国经营理论

1. 企业国际化经营阶段理论

Carlson(1975),Forsgern & Johanson(1975),Johanson & Wiederheim(1975),Johans & Navahlne(1971)等人用企业行为理论研究方法对企业国际化经营行为进行研究。在总结企业的国际化经营所经历过的不同阶段,及其各阶段的行为方式后,提出了企业国际化经营的阶段理论,即著名的 Uppsala International Model,简称 U — M 模型理论。该模型提出了两个基本命题:(1)企业国际化经营是一个不断发展和递进的过程;(2)企业国际化经营是企业对外国市场逐渐提高承诺(Incremental commitment)的连续形式。该理论的代表性人物 Johanson 指出,企业国际化经营存在四个阶段,从低级到高级逐步表现为:不规则的出口活动、通过代理商出口、建立海外销售子公司、从事海外生产与制造。不同阶段,企业国际化经营能力的大小和参与国际市场的程度不同,企业目标市场范围不断扩大,从本地市场到全国市场,逐渐扩展到海外相邻市场乃至全球市场,国际化经营方式逐渐演变,从纯国内经营到通过中间商间接出口、直接出口、乃至在海外设立研发机构、营销网络、并直接在海外生产。企业国际化经营活动不断演进的过程也是其对国外市场不断提高资源承诺并加大资源投入量的过程,同时也是对国外市场信息收集、整合、利用能力的不断增强的过程。

2. 出口行为理论

该理论认为,企业从事国际化经营的第一步是出口贸易,然后才是其他形式的直接投资。美国密执根大学的 Cavusgil(1980,

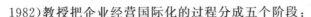
1982)教授把企业经营国际化的过程分成五个阶段：

(1)国内市场营销及巩固阶段；

(2)国际化经营前准备阶段，对国际化经营感兴趣，有意识地注意其他企业的国际化经营行为并收集信息，对国际市场进行调查，有零星出口；

(3)探索性进入并积累相关知识阶段，通过代理、间接出口，开始小规模的国际化经营活动；

(4)直接出口方式开展国际化经营，具备一定国际化经营知识；

(5)以全球各目标市场为制订企业战略规划的着眼点，在全球范围内进行资源整合。

出口行为理论也认为企业国际化经营是一个连续提升知识并提高资源承诺的过程，这一点与"阶段论"有共同之处。但在企业出口发展的描述中，以信息获取、经验学习、管理意识作为企业跨国经营的重要因素。但是，出口行为理论只涉及到企业国际化经营中的一个环节即出口阶段，因此，其很难对企业国际化经营的行为过程作出满意的解释。

在新经济条件下，由于企业获取国外市场信息的能力大大加强，企业积累国际化经营知识的过程可以大大缩短，甚至可以超越某些中间阶段，因此，这也是上述两个理论体系的局限。

2.3.2.5 基于环境适应的跨国经营理论

1.国际化经营外力作用理论

根据解释企业间行为的相互作用和影响的场理论观点，企业国际化经营行为会受到外力的作用，外力表现为各种拉力和压力。企业所表现出来的国际化经营水平和现状，是拉力和压力共同作用的结果。企业国际化经营外力作用理论主要有以下几种论点。

第一，定单带动论。企业最初的国际化经营行为往往是因为国外企业或中间商主动询价的结果。这种拉力实际表现为国外客户主动询价，这常常是企业国际化经营开端的直接原因。由于这种方式的风险和所需要的控制力较小，往往给企业决策提供一种源动力，促硬企业迈出跨国经营的第一步。

第二，客户带动论。企业的国际化经营会受市场中相关产业链上的企业国际化经营的行为所带动。一般情况是，其产业链上的关联企业先实施了国际化经营，在这种拉力的作用下，企业也有国际化经营的愿望并最终变为行动。企业间集群的动力之一也是这个。

第三，竞争压力论。在各种类型的市场中，当某领先企业开始实施国际化经营并取得成功以后，其他企业会跟进，这是市场竞争所表现出来的压力导致的结果。因为，任何单一企业的市场份额的上升，最终会导致原有市场竞争格局的变化，使得企业间相对综合竞争力失去原有平衡。于是，其他企业就会跟进效仿，从而也实施国际化经营。

2.区域经济一体化下的国际化经营反应模型

该反应模型是 Prahalard 和 Doz 于 1987 年提出，主要用于分析区域经济一体化对企业行为的影响。制订国际化经营战略时一般要考虑以下因素：

（1）不同国家的市场相对于企业的重要性差异；

（2）来自于其他跨国公司在同一目标市场的竞争态势；

（3）投资密集度；

（4）技术密集度；

（5）产品目标市场价格与成本；

（6）不同目标市场的共通性；

（7）生产产品所需生产要素的获得。

在区域经济一体化的影响下，客观上要求企业采取针对不同目标市场的战略以满足顾客和市场的差异化需求，根据不同国家、地区的政治状态、市场结构、文化背景，有选择性地改变营销策略和调整产品使用属性，进而，达到优化国际化经营战略的目的。

3.环境影响论模型

代表性模型是美国 Farmer 和 Richman 提出的法默—里奇曼模型。该模型基于以下几个基本原理。

（1）企业的效率是环境因素和经营机能的函数。环境是决定企业效率的外在条件，经营机能是决定企业效率的内部条件。

（2）环境因素直接影响企业经营机能。

（3）环境因素分为国际环境因素和国内环境因素，特指企业所处的一般环境因素和特殊环境因素。

Farmer 和 Richman 认为，环境因素对企业国际化经营的影响是直接且重要的，这是因为，环境因素通过影响企业的决策来影响经营过程，进而对企业经营效率产生直接影响。另一方面，国际环境因素对跨国企业的经营业绩产生直接影响。因而，国内环境因素、国际环境因素与企业素质三者共同作用，决定了国际化经营的方式。

2.3.2.5　其他跨国经营理论

1. 企业国际化的网络模型

企业国际化的网络模型由一些瑞典学者提出，主要代表人物有 Hagg 和 Johanson(1982)，Hammarkvist(1982)，Johanson，Mattsson(1985,1986)等人。网络模型认为，企业网络系统是由众多从事生产、销售、服务等活动的企业组成，这个系统称为"企业间的关系网络"系统。从网络的性质看，它在一定条件下保持既稳定，又随时间推移和经营环境变化而变化的格局。网络模型强调网络内产品的"互补性"。网络关系的存在表明企业间因共有产业链而铰合在一起的相互依存关系。企业在产业链内活动，企业间共同建立、维持、发展这一网络关系。网络模型的关键思想在于，企业的生存依赖于其获取、整合、利用资源的能力，并通过其在网络中的地位来获得这些外部资源。

网络模型认为，企业国际化经营是企业在国际市场网络中建立、发展网络关系的过程。主要表现为通过国际贸易、国际投资活动扩大网络范围，通过地区经济一体化消除国际化经营壁垒，最终实现全球经济一体化。企业国际化的网络模型强调企业间的竞争与合作对企业国际化经营的影响作用，并由此扩展企业制定和发展国际化经营战略的视角。这一点对我国中小企业国际化经营的启示较大。

2. 与创新相联系的国际化经营模型(I—M)

与创新相联系的国际化经营模型(The Innovation—Related Internationalization Model,I—M)最早由 Rogers(1962)提出。该模型认为企业国际化是一系列创新活动的结果。Czinkota(1982,1992)、Cavusgil(1950,1952)将技术创新的原理应用于企业国际化经营过程的分析,认为企业的跨国经营是企亚外部的"推动机制"和企业内部的"拉动机制"相互作用和影响的结果。企业外部的"推动机制"包括市场结构的变化、外部经营环境的变化等。企业内部的"拉动机制"是指企业制度创新、所有权优势的形成。Czinkota 认为是企业内部的"拉动机制"决定了企业能否从国际经营的初始阶段(如间接出口),不断上升到高级阶段。这个模型与国际化经营外力作用理论的思想基本一致,但着眼点不同。

3. 企业国际化的战略管理理论

1962 年,美国著名经济史学家 Chandler(1962)发表了《战略与结构——工业企业发展的历史阶段》,提出了"企业跟随战略"和"公司的战略必将决定其结构"的著名论段。以后,Strandskov(1985),Axinn(1988),Melin(1992),Mintzberg(1994)等著名管理学家又将企业战略管理理论与企业国际化经营战略相结合,提出了企业国际化经营战略管理理论。该理论认为,跨国公司在经营活动中有着不同的战略倾向,主要表现为民族中心型、多中心型、地区中心型、全球中心型。

民族中心型(ethnocentric predisposition),依据母公司所处民族的文化的价值观和利益制定并实施战略计划。公司以国内的经营方式管理在国外的企业。

多中心倾向(polycentric predisposition)战略,根据各目标市场所在东道国的当地文化、市场特点等因素来制定战略计划。

地区中心倾向(regioncentrie predisposition)战略,表现为种族中心与多中心的结合。采用可以同时满足本地和地区需求的战略。

全球化倾向(geocentric predisposition)战略,以全球化的观点看待国际化经营,全球范围聘用优秀人力资源,生产能满足各地区各目标市场需求的产品。

4. 国际化经营的四要素模型

国际化经营四要素模型是由丹麦学者 Torben Pederson 和 Bent Petersen 于 1998 年提出的。该模型的基本原理是：

(1)一个企业的海外市场扩张速度与其对特定海外目标市场知识的积累同步；

(2)企业的海外市场扩张与其对资源获取、整合、利用能力的提高直接相关；

(3)企业的海外市场扩张与其产品销售量或市场占有份额的扩大而同步发展；

(4)企业的海外市场扩张受制于企业所处产品市场的竞争程度。

Torben Pederson 和 Bent Petersen 认为，企业的国际化经营受企业的市场知识、生产要素数量、企业市场份额和市场竞争结构四个要素的直接影响。而企业掌握海外市场知识是一个逐渐积累的过程，积累速度快慢取决于企业的综合素质和学习能力。企业决策者对特定海外市场条件的认识和了解是企业进行国际化经营的首要条件。

5. 企业国际化的内外相关联模型

芬兰学者威尔什和罗斯坦瑞尼，在 1993 年发表的《国际化中的内外向联系》中认为，"企业内向国际化过程会影响其外向国际化的发展，企业内向国际化的效果将决定其外向国际化的成功"。

我国学者梁能也提出了"企业走向世界的两条道路"的观点。他认为企业走向世界在很大程度上意味着如何在本地市场迎接世界竞争的问题。因此走向世界可分为外向型和内向型两类。外向型国际化的形式主要指直接或间接出口，技术转让，国外各种合同安排，国外合资合营，海外子公司和分公司；内向型国际化主要是指进口，购买技术专利"三来一补"，国内合资合营，成为外国公司的国内子公司或分公司。

这两种观点实质是指，企业的母国市场已成为国际市场的一部分，即国内市场国际化后，企业在所谓内外向国际化过程中二者之间的关联关系。

　　企业实施国际化经营是一个循序渐进的过程,从简单的参与国际进出口贸易,到设立国外代理,建立国外分支机构,成立国际营销网络这样一个复杂的系统工程,其经营扩展的区域也从一个国家到几个国家再到全球。此种观点所指国际化经营战略模型主要有以下三种。

　　一是单一进入战略。即国际化经营的初级阶段战略,在这一阶段,企业所需要考虑的因素较为简单,中小型企业采用的国际化经营战略一般就是这种。即不管目标市场环境如何,一律采用单一的进入方式,不对环境做出周密细致的调查。目前,我国中小企业大多采用这种简单的国际化经营模式,这种国际化经营战略实施起来不复杂,容易规避风险,对资源的承诺较低。

　　二是阶段战略。企业逐步积累国际化经营所需相关知识的发展过程,以稳步扩大市场份额。企业国际化经营方式逐步演变,从纯国内经营到通过中间商间接出口,再到直接出口,然后设立海外销售分部,最后实现海外生产。从低风险到高风险,从低控制程度到高控制程度,使企业较能适应不断变化的外部环境。

　　三是系统选择战略。企业在对目标市场进行分析的基础上,结合企业本身资源状况制定出可供选择的国际化经营方式,考虑可能影响国际化经营战略的所有因素,包括目标市场竞争态势及格局、潜在消费者的人口统计学特征、政治局势、资本金融市场发育程度等的变化,然后综合比较做出选择。这是一种复杂的系统工程,对企业的整体素质要求很高,一般实力较弱的中小企业难以实行。

2.3.3　中小企业国际化文献回顾

Nicole E. Coviello 和 Andrew McAuley(1999)从 ABI and inform and BIDS 电子数据库 1989—1998 年的文献中选出了 16 篇文章,并以对外直接投资理论、国际化阶段模型与网络观点为背景,回顾了近期关于中小企业国际化的实证研究。16 篇文章都出版于 1992—1998 年,其中 12 篇发表于 1995 年以后,7 篇在 1997—1998

年,这表明中小企业国际化是最近几年才兴起的研究热点。通过对这16份国外的实证研究的总结,我们能够进一步加深对中小企业国际化的认识。

Nicole E. Coviello 和 Andrew McAuley 主要以对外直接投资理论、国际化阶段模型和网络观点为研究背景。

对外直接投资理论由新古典和产业贸易理论发展而成,支持企业在国际化扩张中的活动内部化(Williamson,1975;Dunning,1981、1988;Anderson & Gatignon,1986;Buckley & Casson,1993)。这种观点认为,企业通过评价经济交易的成本来选择每一生产阶段的最佳结构,以此来解释国际化。因此,企业选择交易总成本最低的组织形式和地点。被认为风险较大、需占用较多的管理时间和其他资源投入的交易,就更有可能被内部化,从而成为企业科层结构的一个部分。

国际化阶段模型吸收了组织成长、行为与学习理论来说明国际化,通常被认为比直接投资理论更具动态性(Young,1987;Johanson & Vahlne,1990;Melin,1992)。最初而且是最有影响力的模型由 Johanson 和 Wiedersheim-Paul(1975)提出,由 Johanson 和 Vahlne(1977)进一步发展而成,该模型常被称为 Uppsala 模型,认为企业国际化活动是不断增长的,而且受到增加的市场知识与投入的影响。该模型强调企业管理学习,并用市场选择和市场进入机制来描述国际化。比如,企业先通过低风险的向"心理距离接近"的类似市场进行间接出口的方式来获取、提高对于外国市场的知识。随着时间的推移和经验的积累,企业逐步增加对海外市场的投入,这反过来又提高了企业的市场知识,导致对更远的市场的进一步投入,包括海外制与销售的股权投资。其他的行为模型也认为国际化是渐进的,表现为不同的发展阶段,反映了经理人员的态度一与投入程度的变化,以及由此造成的企业国际导向的变化(Bilkey & Tesar,1977;Reid,1981;Czinkota,1982;Cavusgil,1984)。这些模型认为,经理人员的看法与信仰既影响着对海外市场的不断涉足,又受不断参与的外国市场的影响。这就导致了经理人员的演进模式,从对国际市场鲜有兴趣,到去心理距离较近的外国市场进行尝试与评价,然后去更有挑战性的不熟悉的市场进行积极扩张,对国际成长也日益关注。

　　网络观点吸收了社会交换和资源依赖性的理论,关注组织间关系与人际关系网络下的公司行为(Axelsson & Euston,1992),而不是科层体系,并认为公司投资是为了加强和监督其在国际网络中的地位(Johanson & Mattsson,1988、1992;Sharma,1992)。这些关系涉及到顾客、供应商、竞争者、私有的和公共的支持机构、家庭、朋友等等。因此,组织边界同时包括商业(正式)关系与社会(非正式)关系。根据这一学派的研究,国际化取决于组织的网络关系模式,而不是公司特有的优势。

　　近年来关于中小企业国际化的实证研究见表 2-2 所示。

表 2-2　近年来关于中小企业国际化的实证研究

作者（时间）	理论框架	研究的着眼点与结论	小公司的假设	国家（地区）	产业类型与公司规模	方法论
Lau. H.E 1992	对外直接投资理论 阶段模型	考察了服装制造商的国际化进程。发现出口导向的小企业的国际化过程与大跨国公司不同(比如,没有许可贸易,建立海外生产点以逃避配领管制,由于国内市场有限而建立企业服务于外国市场)。 发现该过程反映了逐渐增加的投入和活动的不断国际化,在发展中国家用直接投资建立生产设施,在主要市场从事销售与营销活动。	1. 资源有限 2. 来自发展中国家的企业拥有企业特定优势(如:成本低、组织乏结构不正式、生产导向)。	香港	1. 服装制造公司 2. 指中小企业,但没有指明规模特	数据收集方法:邮寄调研 样本规模:165 家公司 回应率:25.5%(42 家公司) 主要的被调查者:总经理 分析方法:辅以频度分析的定性描述 时间框架:截面分析
Bodur M. & T. K Madsen 1993	阶段模型 网络观点	从进入方式、当地合作者选择、公司间合作和商务环境等方面考察了国际化的性质。研究结果支持了企业国际化的渐进方法和网络化过程。 发现双方通过相互学习,对于彼此的环境、惯例和能力都获得了知识和经验,从而导致投入增加。	没有给出	丹麦	1. 多个行业的公司:工具、工业设备、酿酒、航空公司和保险服务。 2. 7 家公司中有 2 家少于 50 名员工。其它的被描述成小公司。	数据收集方法:深入访 样本规模:16 家公司 回应率:44%(7 家公司) 主要的被调查者:经理 分析方法:定性 时间框架:截面分析

续表 2-2

作者 (时间)	理论 框架	研究的着眼点与结论	小公司 的假设	国家 (地区)	产业类型 与公司规模	方法论
Dalli D. (1994)	阶段模型	把出口战略当作一种向外国市场的发展过程来考察。 发现公司在每一阶段采取多种战略。这些被归类为1)渐进的国际化和2)出口经验与内部正式化。 得出结论为:国际化的阶段模型总体上得到支持,但今后尚需出口分析模型进行动态分析。	不可能进行对外直接投资的中小企业	意大利	1.家具业、纺织业、机械工具业、脚上用品业、食品和饮料业的制造企业。 2.85%的公司少于100名员工。	数据收集方法:个人调研 样本规模:400家 公司率:42.7%(171家公司) 主要的被调查者:不详 分析方法:定量分析(主要因素分析) 时间框架:截面分析
Hyvae-rinen.l (1994)	阶段模型	从投入程度、国际化模式和创新的角度考察国际化过程; 验证了以 Luostarinen & Welch(1990)为基石出的国际化过程,然而,注意到在引发芬兰中小企业的国际化进程中,进口起了尤其重要的作用:与以往的研究相似,中小企业国际化过程中,投入水平和创新精神通常较低、较少。	1)规模和有限的资源限制了规模经济的获取2)中小企业在国内外市场上与其他公司竞争3)经理/所有者对战略/运营有很大的影响	芬兰	1.制造企业,主要是金属制造企业 2.65%的公司少于30名员工。 3.84%的公司少于50名员工	数据收集方法:邮寄调研 样本规模:856家公司 应率:28%(240家公司) 主要的被调查者:经理 分析方法:定量分析(简单的描述性统计学),辅以定性信息 时间框架:截面分析
Bell. J. (1995)	阶段模型	考察了最初的出口决策和国际化过程。 发现心理即离和地理距离的概念不受支持;市场选择受客户跟随、目标行业和行业的合作趋势的影响。 所得结果不支持渐进的国际化。公司增加了对出口的投入,但表现为公司进入了新的市场,而不是在已有市场上进行直接投资。 对阶段理论对高科技与服务密集型行业的适用性提出质疑。建议用网络观点来解释这类公司的非线性行为。	没有给出	芬兰和挪威	计算机软件公司所有公司少于200名员工,其中,75%的公司少于50名员工	数据收集方法:邮寄调研,接着用深入的个人访谈 样本规模:187家公司,并以其中24家代表公司进行访谈 应率:52.4%(平均分配在3个国家的98家公司) 主要的被调查者:执行总裁 分析方法:定性分析,辅以频度分析 时间框架:截面分析

续表 2-2

作者 (时间)	理论框架	研究的着眼点与结论	小公司的假设	国家 (地区)	产业类型与公司规模	方法论
Berr-a,L. Piatt-i. L 和 G. Vital-i 1995	对外直接投资理论 网络观点	考察了中小企业和大公司的国际化,上要是合作性与非合作(FDI)成长战略。 发现中小企业主要采用合作性契约来实现国际化,而大公司主要用非合作性战略。	财务资源和管理资源有限	意大利	服装制造商:159 家中小企业(小于 200 名员工或 500 亿意大利里拉)550 家大公司	数据收集方法:二手数据库 样本规模:709 家国际经营机构 回应率:不详 主要的被调查者:不详 分析方法:定量分析(方差分析) 时间框架:纵向分析 1987—1991
N. E and H. J. Mun-ro 1995	网络观点	考察了创业型的高科技企业的国际市场开拓方法。 发现外国市场选择和进入的动议来自正式和非正式网络联系创造的机会。 发现网络关系促进了快速增长,并积极影响着小的软件企业的国际化进程和成长模式。 发现小的软件公司依靠网络关系展开外国市场上的营销活动。	1)资源有限 2)行销技巧和能力弱 3)发展取决于与其它公司的关系	新西兰	1)计算机软件公司 2)"老"公司 25—150 名员工,年销售额为 240—1600 万新西兰元。 3)"年轻"公司平均 19 名员工,年销售额少于 100 万新西兰元。	数据收集方法:对"老"公司用深入的案例研究法,对"年轻"公司进行问卷调研 访谈的企业:4 家 样本规模:60 家公司 回应率:42%(25 家公司) 主要的被调查者:创始人/经理和高级经理 分析方法:定性分析,辅之以简单的统计分析和网络图 时间框架:截面分析(案例用历史数据分析)
Che-tty S. K. P. T. Hamil-ton 1996	阶段模型	试图以 Reid 的阶段模型(1981)为基础,解释所有者控制的公司的出口因果过程。 发现了对 Reid 的支持性结果,包括心理距离的概念。也发现了一影响出口过程的其它成因,包括技术的相对先进、公司规模与国内市场环境。	没有给出	新西兰	制造性企业(电气机械和器具)意指中小企业,但未说明规模特征。	数据收集方法:深入的案例研究(访谈和二手信息) 访谈的企业:12 家 主要的被调查者:总经理和营销经理或相应职位(包括合伙人) 分析方法:定性分析 时间框架:截面分析(案例分析基于历史数据)

续表 2-2

作者（时间）	理论框架	研究的着眼点与结论	小公司的假设	国家（地区）	产业类型与公司规模	方法论
Kor-ho-nen. H. Luo-sta-rine-n, R. L. Wel-ch 1996	阶段模型 网络观点	考察了内向—外向国际化以及对公共政策的启示。发现在国际化过程的初期，合作性经营并不存在。51.8%的中小企业在国际化经营初期从事"内向"经营（接着才是外向经营）；相反，32.7%的中小企业从"外向"活动开始，有时会接着从事"内向"活动。总体上，有33.6%的中小企业在某些时点上涉及合作关系。结论是内向刑的国际化要求政策制订者、经理和研究者更多的关注。	没有给出	芬兰	1)有"外向"经营的工业制造商，产出在 10000 美元以上 2)小公司（少于 100 名员工）=304 3)中型公司（101—500人）=176	数据收集方法：1991年收集的邮寄调研，现在 FIBO 数据库的一部分 样本规模：3157 家公司 回应率：34%（该研究以 480 家公司的为例）主要的被调查者：不详 分析方法：定量分析（简单的描述性统计）时间框架：截面分析（用历中数据）
Bjor-kman, I. S. Koc-k 1997	阶段模型 网络观点	考察了内向扩展模式的国际化。发现旅游服务的特征是内向的国际化，因为设施和环境无法移动。对心理距离和地理距离的概念没有一致的支持，尽管国际化的投入阶段能够被识别。得出结论：土要人物与其他们与重要国际合作伙伴的网络和关系对服务型公司的国际化有重大影响。	没有给出	芬兰	旅游公司少于 50 名员工所有者直接管理	数据收集方法：案例研究（电话和个人访谈）访谈的企业：3 家 主要的被调查者：创始人/经理 分析方法：定性分析 时间框架：截面分析（案例用历史数据分析）
Covi-e-llo, N. E H. J. Mu-nro 1997	阶段模型 网络观点	考察国际化过程以理解网络关系的作用。发现若能把渐进的国际化与网络观点联合起来，就能更好地理解国际化模式。国际化建立链很迅速，可以压缩成三个阶段，并以通过对网络关系的投资实现市场开发为的外部化为特征。	1)有限的能力和管理资源 2)受网络合作伙伴影响的国际营销	新西兰	1)计算机软件公司 2)25—50 名员工，年销售额为 240—1600 万新西兰元	数据收集方法：深入的案例研究（访谈和二手资料）访谈的企业：4 家 主要的被调查者：创始人/经理和高级经理 分析方法：定性分析，网络分析 时间框架：截面分析（案例分析基于历史数据）

续表 2-2

作者 (时间)	理论 框架	研究的着眼点与结论	小公司 的假设	国家 (地区)	产业类型 与公司规模	方法论
Fonte-s. M. R. Coo-mbs 1997	阶段模型 网络观点	从技术和市场国际化来考察新的以新技术为基础的国际化过程。 发现了按部就班的过程（部分地可用公司相当有限的资源来解释）和通过关系的成长（以减少风险，以前关于外国市场能够的学习程度）。 公司为了弥补缺陷与不足而与其他组织建立关系（比如，使用当地的中介，与大公司发展关系，参与国际研究项目）。 发现技术的国际化与市场的国际化相互关联。	1) 有限的财力和人力资源 2) "新"的"债务"(织织经验，外部的可信度)	葡萄牙	信息技术公司年轻的独立公司（15 年以下历史）	数据收集方法:深入的个人访谈 样本规模:123 家企业中选出家 回应率:不详（有目的的选样） 主要的被调查者:不详（假定为创始人或经理） 分析方法:定性分析 时间框架:截面分析（基于历史数据）
Gank-ema. H. G. J Snuif. H. R K. A Van DijK-en 1997	阶段模型	考察中小企业在五年间的国际化过程，以评价 Cavusgil 的阶段理论(1980)的有效性。 发现阶段理论对中小企业成立，但需要一定的条件。 支持阶段参与度的提高，然而，有些公司蛙跳般地跃过了某些阶段，另一些公司在完全投入之前就停止了国际化过程。 结论为需要进一步研究国际化与公司及其周边流程的关系。	没有给出	奥地利 比利时 芬兰 英国 荷兰 挪威 瑞典 瑞士	1) 来自纺织服装、电气工程、食品饮料、木材生产、钢铁生产、机械工程部门的制造商 2) 138 家企业少于 200 名员工；6 家企业超过 200 人 3) 产出少于 3000 万（没有指出货币）	数据收集方法:邮寄调研 样本规模:144 家公司 回应率:不详 主要的被调查者:不详（假定为创始人/经理） 分析方法:定量分析（方差和 Del 分析） 时间框架:纵向的（5 年）
Holm-lund, M. S. KocK 1998	网络观点	考察了国内业务和社会关系对中小企业国际化的影响。 发现国内的业务网络会影响国际化，使得中小企业能够得到信息和资源，少仁能进入外国的业务网络。 中小企业的经理还发现，搜寻市场信息日十分依赖于社会关系。	1)有限的财力、管理、人力和信息资源，限制其向外国市场发展。 2)小企和大公司的管理实践不同。公司为中型企业(平均 67 名员工，销售额为 280 万芬兰马克)。	芬兰	1)来自众多行业的公司:金属/机械、纸、纺织、面包房、皮革、服务。 2)79％的公司是小企业（平均 26 名员工，销售额 250 万芬兰马克）。 3)21％的公在工程咨询、管理咨询、计算机软件、市场研究和产品设计行业的专业性商业服务企业。员工数的中值为 12:企业年龄的中值为 9 年	数据收集方法:邮寄调研 样本规模:122 家企业 回应率:39％ 主要的被调查者:不详 分析方法:定量分析(简单的描述性统计学.方差) 时间框架:截面分析

续表 2-2

作者 (时间)	理论 框架	研究的着眼点与结论	小公司 的假设	国家 (地区)	产业类型 与公司规模	方法论
O'Far- rel P. N Wood P. A. J. zhe-ng 1998	FDI 阶段 模型 网络 观点	考察了商业服务中小企业如何开发外国市场,比如进入时机、市场区位、进入方式和决策过程。识别了行业间的异同。发现外国市场的开发往往要求"变化着的环境的机会主义反应"。发现决策过程中鲜有交易成本分析,却又网络联系的影响。发现外国市场进入引发了商业服务中小企业,其后的发展要比制造企业更加复杂。	没有给出	苏格兰 英国		数据收集方法:邮寄调研和后续面谈 样本规模:370 家公司和 90 次面谈 回应率:30% 主要的被调查者:不详(假定为创始人或经理) 分析方法:定量分析(简单的描述性统计和方差分析) 时间框架:截面分析
Zafar-u Hah etal 1998	FDI 阶段 模型 网络 观点	考察了小企业的国际化过程,以识别阶段模型和其它国际化模型的有效性(交易成本分析,网络理论)。发现国际化过程及其扩张高度依赖于形势,从总体上看,不支持阶段模型。发现公司有成本方面的考虑,但并没证据表明成本因素是国际化的主要动因。从总体上看,不支持投资的交易成本理论。发现运用系统化却未曾计划的各种联系和系,在国际化的各方面都重要。对网络观点有所支持。	人力和财力资源的约束 如果国内市场有限,可考虑出口 行为可能是被动的,机会主义的	巴基斯坦	制造业(医药、皮革、纺织、地毯、床上用品、服装) 5/6 的公司少于 200 名员工 1 家公司有 300 名员工(有小企业特征)。	数据收集方法:个案研究(个人访谈) 访谈企业:6 家 主要的被调查者:执行总裁(也是合伙人或所有者)或者执行总裁和另一位合伙人 分析方法:定性分析 时间框架:截面分析(用历史数据)

　　资料来源:Nicole E. Coviello, Andrew McAuley(1999),"Internationalisation and the smaller firm:A review of contemporary empirical research",Management International Review,third quarter,1999

　　根据表 2-2 对各国中小企业国际化文献的回顾和总结,我们可以看出当代的中小企业国际化研究中所应用的理论框架(参见表2-3)。

表 2-3 以上研究的理论框架比较

理论框架	研项数
对外直接投资理论	0
阶段模型	5
网络观点	2
对外直接投资和阶段模型	1
对外直接投资和网络观点	1
阶段模型和网络观点	5
对外直接投资理论、阶段模型和网络观点	2
合计项数	16

在上述各项研究中,虽然大多数研究都清楚地指出了是以什么理论为基础,并有针对性地进行了实证调查,但 Korhonen et al. (1996)和 O'Farrell et al. (1998)并非如此,他们探讨各种国际化模式,并用各种研究学派中的相关概念来帮助理解其发现。从这些研究本身也可以发现一些问题,比如,对于中小企业的本体假设并不一致,16 项研究中有 7 项没有解释为何对中小企业的国际化进行调研,有 2 项仅仅指其样本为中小企业,几乎没有提出任何中小企业的区别性特征,这表明研究者在很大程度上想当然地认为小企业和大企业不同。9 项研究解释了对中小企业为何感兴趣,但提出的理由也各不相同。不过,这些研究都认为,中小企业的管理、财务和信息资源有限,这是对其国际化经营的挑战。

另外,从研究的国别来看,有 11 项研究来自欧洲,3 项来自新西兰,另 2 项分别来自巴基斯坦和香港地区,没有一项来自北美,这可能表明:小国开放经济的中小企业由于国内市场机会比较有限而更加注重对国际化的研究。从被研究企业的性质来看,有 10 项研究主要以制造业为研究对象,只有 2 项专门研究服务业,另外 4 项研究考察的是软件和信息技术产业,这与传统上对大公司的研究比较相似。

通过对 16 项研究的回顾和总结，我们发现，很难用单一的理论框架来解释中小企业的国际化，似乎并不存在某种通论，而另一方面，这些理论本身也并非总是相互排斥。既然没有一个单一的理论框架能够完全解释中小企业的国际化，今后的研究应该有更宽广的视野，对已有的研究成果加以整合、完善。

第 3 章　我国民营中小企业与发达国家中小企业国际化评价

3.1　我国民营中小企业国际化现状

3.1.1　我国中小企业的出口情况

根据有关资料显示,在我国全部乡及乡以上独立核算工业企业出口产品交货值中,中小企业的比重高达 68.0%,其中小型企业的比重占 52.0%。如果再加上乡以下企业的出口产品交货值,其所占的比重会更大。见图 3-1 所示。

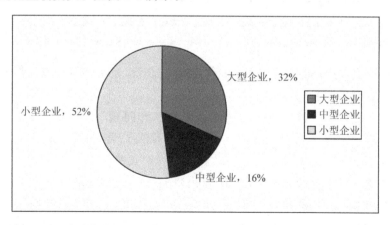

图 3-1　1995 年全部乡及乡以上独立核算工业企业大中小企业出口产品货值比重

数据来源:《中华人民共和国 1995 年第三次全国工业普查资料汇编》(综合·行业卷)

另据统计,1995 年全部独立核算国有工业企业中,中型企业的出口产品交货值达到 454 亿元,小型企业的出口产品交货值达到 230 亿元。而当年全国乡及乡以上工业企业的出口产品交货值中,全部独立核算国有工业企业的出口产品交货值为 2051.6 亿元。也就是说,大中小企业出口产品交货值在其中所占的比重分别为 68.0%、21.0%和 11.0%。即对独立核算国有工业企业来说,约 1/3 以上的出口是由中小企业提供的。详见图 3-2 所示。

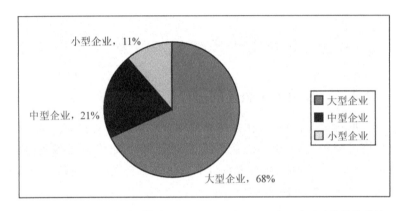

图 3-2 1995 年全部独立核算国有工业企业大中小企业出口产品交货值构成情况
数据来源:《中华人民共和国 1995 年第三次全国工业普查资料汇编》(三资·乡镇卷)

由于中小企业出口的统计数据难以获得,论文特以国家发展改革委中小企业司 2006 年开展的"出口成长型中小企业评价"研究为参考,总结分析我国中小企业的出口现状和问题。国家发展改革委中小企业司选择 2003—2005 年在国家海关总署登记注册、出口额在 100 万美元至 2000 万美元之间、年均增长率 25%以上的中小企业进行样本分析和研究,形成了《出口型中小企业研究报告》。报告指出 2005 年我国出口总额为 7620 亿美元,比 2003 年增长了 73.83%,中小企业出口额达到了 5181.6 亿美元,占全部出口额的 68%。见表 3-1 所示。

表 3-1　2003—2005 年中小企业出口情况（单位：亿美元、%）

	出口额	同比增长率	中小企业出口额	占全部比例
2003	4383.7	34.6	2724.8	62.3
2004	5933.7	35.4	3904.4	65.8
2005	7620	28.4	5181.6	68

资料来源：商务部

调查结果同时显示，2003 年在国家海关总署登记注册、出口额 100 万—2000 万美元之间、年均增长率 25% 以上，满足条件的中小企业共有 732 家，累计出口总额 24.68 亿美元，较上年平均增长了 2207.26%，到 2005 年，这 732 家中小企业出口总额达 80.02 亿美元，比 2003 年增长了 324.27%。截至 2005 年，732 家样本企业的出口额增长率仍保持了高速增长，但与 2003、2004 年相比其增长速度已渐趋平稳。732 家企业的平均增长率为 69.06%，其中增长率在 30%—40% 之间的企业最多，达 149 家，增长率超过 100% 的 121 家企业。而 2003 年，增长率超过 100% 的企业有 499 家，2004 年有 276 家。2003—2005 年样本企业出口额与增长率比较详见表 3-2 所示。

表 3-2　2003—2005 年样本企业出口额与增长率比较（单位：万美元、%）

	2003	2004	2005
出口额最大值	1976.92	4327.87	13394.29
增长率最大值	426596.09	1117.2	493.57

资料来源：海关总署

整体来看，经过连续三年的发展，这 732 家出口中小企业均呈现出不同的增长态势，按照 GEP 评估法及指数合成法，针对这些企业进行成长性分析，其中具备成长性 44 的企业 305 家，占全部出口中小企业的 41.67%，这 305 家企业 2005 年出口额为 32.65 亿美元，占全部出口型中小企业的 40.8%，平均增长率 103.66%，比全部中小企业 69.06% 的增长率高出 34.6 个百分点。从地区分布看，沿海地区的出口中小企业主要分布在以山东、辽宁为主的环渤海,以上海、浙江、江苏为中心的长三角和以广东和福建为中心的珠三角地区。这些地区充分利用了自身的窗口地位,发挥地域优势,积极引导中小企业走外向型经济的发展之路,从而推动地区经济的持续不断发展。732 家样本企业来自 26 个省、市及自治区,其中,浙江省有 245 家,占全部企业数的 33.47%,其次是广东省,共有 114 家企业,占企业总数的 15.57%,另外,江苏、山东和上海也分别有 83 家、60 和 51 家企业入围,这五个地区的企业总数达到了 553 家,占全部成长型出口中小企业的 75.55%。见表 3-3 所示。

表 3-3　　出口中小企业的地区分布(单位:家、%)

地区	样本企业数	比重	成长型企业数	占该地区比重	占总样本比重
浙江	245	33.47	102	41.63	13.93
广东	114	15.57	42	36.84	5.74
江苏	83	11.34	35	42.17	4.78
山东	60	8.2	31	51.67	4.24
上海	21	6.97	20	39.22	2.73
合计	553	75.55	230	—	31.42

资料来源:海关总署

从中小企业在国际贸易中的产品构成来看,目前出口方面,纺织服装产品、鞋产品、玩具箱包等轻工产品、日用塑料制品和金属五金制品等几乎全部都是由中小企业提供的。而有调查显示,我国主要出口产品中,企业数名列第 1 和第 2 位的是纺织服装和轻工类产品,分别为 25.54%和 15.58%。这几年来,中小企业也积极参与机械及设备、电器及电子产品、化工产品等技术含量较高、附加价值较大的行业。在这三个行业中,中小企业数分别占总企业数的 15.35%、14.53%和 12.05%,而且有快速增加的趋势。

根据有关部门的统计调查,截至 2002 年 6 月底,我国已在境外投资设立海外企业 6758 家。投资涉及的行业从初期集中在贸易方面,发展到资源开发、生产加工、交通运输、工程承包、医疗卫生、旅游餐饮及咨询服务等领域。我国出口年均增长建度为 17.4%,高于全球平均增幅 9 个百分点,其中,中小企业起到了不可忽视的作用,成为我国外贸出口和外向型经济的主力军。中小企业一方面通过向大企业提供零部件的方式实现间接出口;另一方面积极开发产品直接出口,创造了可观的外汇收入。"七五"和"八五"期间,我国中小企业的出口交货值年均增长速度分别为 45% 和 63.5%,已占全国出口总值的 1/3。

　　与大中型国有企业相比,中小企业国际化有两个最大的特征:一是受传统经济体制束缚小,在比较充分的市场环境下发展,具有利益和市场驱动的特点;二是外向程度较高,与国际市场联系较为密切,许多中小企业建立了主要或完全面向国际市场的经营机制与机构。

　　目前,从贸易方式上看,加工贸易是我国中小企业出口的重要方式之一。改革开放后,由于我国先后制定了鼓励来料加工和进料加工的灵活贸易政策,加上沿海地区的地理、人文优势及借助发达国家及新兴工业化国家和地区结构调整而向我国最大量转移劳动密集型产业的机会,我国的加工贸易经历了一段较长的快速发展时期。据估计,香港加工业有 70% 以上已转移到内地,其中大部分是出口加工型的中小企业。目前,我国从事加工贸易的企业有近 15 万家,绝大部分是中小企业,从业人员 3000 多万人,约占城乡工业就业总人数的 35.4%,在加工贸易出口总额中的比重由 45.2% 上升到 72%。

　　纺织、轻工业是我国中小企业密集的行业,也是我国传统的出口行业。纺织行业在我国国民经济中占有较为重要的地位。目前,我国纺织品出口总量已占全国总量的 1/3 以上,在世界纺织品出口贸易中的比重达到 7% 以上,对国际市场的依存度也逐年提高。我国不仅是世界上最大的纺织品生产国,而且也跻身于世界纺织品贸易大国行列。轻工业亦是我国出口的重要行业,中小企业分布较广。1995 年,轻工业企业总数为 5.4 万个,以中小企业为主的集体企业占了 80% 左右,工业总产值 5494.2 亿元;出口额达 402 亿美元。目前,轻工业行业的从业人员有 1200 多万人,形成了自行车、钟表等十多个拳头产品,出口额占我国出口总额的 30％左右。①

3.1.2 中小企业对外直接投资

中小企业不但是我国出口的重要力量,还是我国引进外资和对外投资的主体。在我国的"三资"企业中,中小企业所占的比重很大。1995 年,全国全部"三资"工业企业和生产单位中,小型企业个数达 57303 个,占总数的 96.6％;按当年价格计算的工业总产值比重占 66.5％;从业人员年末人数占 83.8％。

从对外投资方面来看,近几年来,我国许多企业纷纷涉足海外经营,抢占国际市场,使我国企业的国际化经营进入了一个新的阶段。据统计,截止 2002 年底,我国已累计在海外投资非贸易性企业6960 家,协议投资总额累计 137.8 亿美元,其中中方投资额累计 93.4 亿美元。这些企业涉及资源开发、生产加工、工程承包、交通运输、旅游餐饮、贸易和咨询服务等行业,遍布全球 180 多个国家和地区,其中不少项目的投资主体都是中小企业。它们不但为拓宽我国产品的出口渠道做了不少开创性的工作,也为我国企业大规模开展国际化经营起了铺路石的作用。

1.投资数量巨大,但投资规模较小

我国中小企业的海外投资规模相对较小。以中小企业占很大比重的浙江省来说,其境外投资项目的平均规模为 58.78 万美元,中方独资的平均投资规模仅为 9.67 万美元。这样的投资规模大大低于发达国家跨国公司国外子公司约 600 万美元的平均规模,也低于其他发展中国家跨国公司子公司平均约 260 万美元的规模。② 我国中小企业的国际化经营尽管取得了一些进展,但与发达国家相比尚有较大差距,甚至与许多发展中国家的差距也很大。我国企业在

① 广州市经济研究院"促进我国中小企业发展政策研究"课题组:《国际化经营:我国中小企业生存和展的必然选择》,载《宏观经济研究》2001 年第 11 期。

② 上官学进、胡风玲:《论我国中小企业度的外直接投资的可行性》,载《国际贸易问题》2003 年第 8 期。

跨国经营存在一些问题,据不完全统计,我国的海外投资企业中赢利的很少,而且多为非生产性企业,亏损的以生产性企业居多。

在我国对外直接投资的所有企业中,中小企业在数量上占有绝对优势,可是投资规模普遍偏小,中方投资额在 100 万美元以下的居多。无论从投资总量上还是从平均投资额上看,难以形成规模经济与大型跨国公司相抗衡。

2.投资以传统产业为主

我国进行对外直接投资的中小企业利用了劳动力成本低这一优势,仍然是以加工贸易、服务及传统产业为主。其中,一些具有我国民族特色的产业,如:餐饮,民族工艺等行业,在海外华人聚居的地方还是有很大的市场潜力。但是,目前在很多高新技术领域,例如:IT 业,通讯技术、生物与基因工程等还处于起步阶段,与发达国家的跨国公司相比,还有较大的技术差距和研发能力差距。

3.投资区域相对集中

现阶段,中小企业对外直接投资主要集中在香港地区,新加坡以及东南亚一带的周边国家。只有少数企业投资到欧洲、美洲等发达国家市场。其中,生产型中小企业主要分布在东南亚地区,贸易型和研究开发型中小企业主要集中在欧美等发达国家市场。

4.投资方式以绿地型投资或合作为主

目前,由于资金以及经验等因素的制约,我国中小企业对外直接投资主要采用的是绿地型投资或合资,在对外直接投资中广泛采用的兼并、收购等方式只有少数企业尝试。在目前的中小型跨国公司中,有 56.3% 的企业选择中方控股 51% 以上的合资方式,独资的占 29.1%,只有 11.7% 的企业中方占 49% 以下的股份。对于大部分我国中小企业而言,实行对外直接投资战略仅仅处于起步阶段,但实践证明,我国的一些中小企业在国际上已具有一定的竞争力。中小企业在对外直接投资过程中已呈现出良好势头,不仅成为我国企业对外直接投资的重要力量,而且在对外直接投资进程中还存在着巨大的潜力,有望发展成为我国企业对外直接投资的主体力量。

3.2 发达国家和地区的中小企业国际化实践

3.2.1 日本中小企业的国际化经营

3.2.1.1 日本中小企业的商品出口

日本中小企业的出口是随着日本外向型经济的发展和国际化发展战略逐步展开的,在日本经济发展的不同阶段,日本中小企业的商品出口也出现了不同的特点。

在第二次世界大战后的经济复苏时期,日本由于经济重建需要大量进口外国产品,日本大企业的生产能力因战争破坏而变得低下,在国际市场上没有竞争力,然而,中小企业的出口却获得较大的发展,对日本经济的迅速恢复和贸易逆差的改善起到了一定的作用。从1951—1955年期间,日本中小企业的出口额占总出口的59.4%。在该时期,日本的中小企业主要出口食品、服装、家具、纤维纸加工品、皮革制品等日用杂货,这些产品为劳动密集型,技术含量低,以低成本、低价格的优势进入国际市场。日本中小企业在20世纪50年代的出口增长速度较快,除了日本产品价格低廉的因素之外,日本政府对中小企业提供的出口融资支持和美国政府为了遏制社会主义国家的发展而对日本的扶持,也是该时期日本中小企业出口增长的重要原因。

20世纪50年代到70年代,日本经济进入高增长时期,随着日本经济重工业化的推进和科学技术的迅速发展,大企业的出口创汇能力大大提高。然而,到60年代前半期,日本中小企业的出口出现了相对的停滞,这一方面是由于日本的劳动力成本上升,低成本、低价格的竞争优势不复存在,而其他发展中国家轻工业的发展和物美价廉的优势,又进一步削弱了日本产品的竞争力;另一方面,作为日本主要出口市场的美国,其需求结构发生了变动,制约了日本中小企业传统产品的出口。于是,日本中小企业开始调整其产品结构,提高技术水平和管理水平,并利用美国经济的快速增长为日本中小企业提供的巨大出口空间,日本的中小企业在 60 年代后半期开始进入出口的"黄金时代"。

随着 20 世纪 70 年代石油危机的爆发,日本经济结束了长期的经济增长,进入了低速发展时期,中小企业的出口也随之进入停滞阶段。80 年代日元的升值和美日贸易摩擦的愈演愈烈,也在一定程度上限制了日本中小企业的对外出口。而 90 年代日本泡沫经济的破灭,随后长期的经济衰退和东南亚金融危机的影响,使得中小企业的对外出口有所萎缩。

近年来,日本已经进入了所谓的"熊彼特产业时代"。所谓熊彼特产业,是指创新主导着企业竞争力的行业,包括技术创新、组织创新和营销创新。在这些新兴行业中,既包括已存在的公司,也包括新成立的小企业。已经存在的公司通过投入研究开发费用向新的成长行业多元扩张,独立的新部门不断从原来的大公司中分离出来;而新成立的小企业往往针对某一专业化细分市场构建竞争优势,专门从事研究开发和产品计划、开发等工作,把制造分包给其他企业。实际上,这类名不见经传的中小企业中有一部分开始把知名大公司作为其分包商,比如,Kankyo 公司不足 100 名员工,却是日本头号空气清新机和去湿机的供应商,松下公司为它做贴牌生产。由于这个阶段刚刚开始,这些基于创新的中小企业主要还是面向日本国内市场,当它们走出国门作直接投资时,往往会采取联合投资的方式在海外生产。

从出口部门结构看,日本的中小企业经历了逐步从 20 世纪 60 年代的轻工业部门向 70 年代和 80 年代前期的重工业部门,再转向 80 年代中后期以来的服务业的过程,这是与日本和其他发达国家经济结构的变化相适应的;从出口商品结构看,日本中小企业的出口商品从劳动密集型的低附加值的产品,如纺织品、工艺品、木制品等,向技术和知识密集型的高附加值的产品,如电子手表、计算器、计算机辅助设备、办公设备等转变;从出口市场看,日本中小企业从美国和东南亚转向其他国家和地区,以改变其对某些国家和地区市场的过度依赖。

可见,日本中小企业的商品出口并非一帆风顺,而是在曲折中发展、在调整中生存。日本中小企业的出口结构变化过程是一个逐步由低级向高级发展的过程,在生产力还不太发达的时期,主要集中于劳动密集型产业,生产和出口低附加值的产品,在生产力提高以后,转而集中于资本、技术和知识密集型产品的生产,出口高附加值的商品。在出口市场结构方面,先是依赖一些大的国际市场来发展壮大自己,在国际形势发生变化时,不断开辟新市场,实现出口市场的多元化,以降低风险。日本的中小企业正是根据自己的经营实力和外部环境的变化,不断调整自己的出口战略,才成为日本外贸出口的一支重要力量。

3.2.1.2 日本中小企业的对外直接投资

日本中小企业对外直接投资的规模与它们在母国经济中的作用相关。在日本的对外直接投资中,中小企业占据了重要的地位。1988 年日本的海外股权投资中,中小企业占了 60%,这一方面是由于来自发展中国家,尤其是新兴工业化国家的竞争削弱了日本的出口竞争力,迫使日本中小企业向劳动力成本低廉的国家和地区投资,如亚洲其他国家和拉丁美洲等;另一方面是中小企业跟随其大客户到海外从事生产。另外,日本中小企业实力的增强、日本政府对中小企业海外投资的鼓励政策、通过对外投资回避贸易摩擦,绕过贸易壁垒等,也是促进日本中小企业国际投资的重要原因。当然,这里还有日元升值的因素在起作用,20 世纪 80 年代,由于日元大幅升值,对海外投资非常有利,可以节约投资成本,于是掀起了海外投资的高潮,中小企业也积极参与。

从表 3-4 可以看出,从 20 世纪 70 年代后期到 80 年代末,日本中小企业的海外股权投资基本持上升态势。然而,在 90 年代初期,中小企业的海外股权投资大幅下挫,尽管这与全部企业的总体情况相吻合,但中小企业的下降幅度更大,导致中小企业在股权投资中的份额从 1989 年的 53.8% 下降为 1990 年的 44.2% 和 1991 年的 39.8%。不过,由于不少日本中小型跨国公司已经把国际直接投资作为公司战略不可分割的部分,它们依然保持着对国际直接投资的兴趣,到 1994 年,中小跨国企业在全部企业海外股权投资中的份额恢复到 56.4%。

表 3-4　日本：中小企业新增海外股权投资，1977—1996

年度	中小企业的股权投资		全部企业的股权投资		中小企业在股权投资中的份额	
	所有行业	制造业	所有行业	制造业	所有行业	制造业
1977	342	76	830	203	41.2	37.4
1978	306	112	887	323	34.5	34.7
1979	437	133	990	309	44.1	43.0
1980	326	99	790	260	41.3	38.1
1981	336	108	748	240	44.9	45.0
1982	247	86	765	226	32.3	38.1
1983	306	94	868	246	35.3	38.2
1984	312	109	828	303	37.7	36.0
1985	318	137	1023	363	31.1	37.7
1986	599	279	1419	N/A	42.2	N/A
1987	1063	469	2126	N/A	50.0	N/A
1988	1625	724	2725	N/A	59.7	N/A
1989	1401	535	2602	N/A	53.8	N/A
1990	994	381	2249	N/A	44.2	N/A
1991	619	281	1556	N/A	39.8	N/A
1992	574	291	1397	N/A	41.1	N/A
1993	698	432	1530	N/A	45.6	N/A
1994	684	520	1203	N/A	56.4	N/A
1995	783	573	1498	N/A	52.3	N/A
1996	673	458	1228	N/A	54.8	N/A

注 1：新增海外股权投资是指初次资本收购投资（不包括同样的公司对同样子公司的额外投资）和新建海外机构。也不包括贷款投资。

注 2：在此，日本对中小企业的定义为：在制造业，资本额少于 1 亿日元，从业人员少于 300 人；在批发业，资本额少于 3000 万日元，从业人员少于 100 人；在零售业和其它服务业，资本额少于 1000 万日元，从业人员少于 50 人。1999 年该界定标准有所改变。

注 3：这些年度的统计数据中，中小企业按照公历年度、所有企业按照财政年度统计。且所有数据以核准额为依据。

资料来源：Fujita，1997 转引自：Fujita(1998)，The transnational activities of small and medium-sized enterprises，Kluwer Academic Publishers

与大跨国公司的海外直接投资地理分布相比,日本的中小企业比较集中在发达国家,尤其是在北美进行直接投资。然而,所有的企业都认为,东南亚也是重要的投资地。虽然各种规模的企业都集中在北美和东南亚进行直接投资,但大公司的直接投资在各地区分布相对比较均衡,而中小企业的这种集中程度更高一些。东南亚是日本中小制造型企业的重要投资地,而服务业的对外直接投资主要设在北美。在东南亚建立生产设施,在北美建立分销机构,成为日本中小型跨国企业对外直接投资的重要特征。

中小企业和大公司在投资的行业方面似乎有所分工。在制造业,更多的中小企业投资于轻工业或低技术行业,比如纺织、食品、纸浆和造纸等,而大跨国公司在化工、金属和机械行业的投资略高于中小企业。在服务业,区别就更明显了,大的日本跨国公司主导了银行、保险和其他金融服务行业,而中小企业主要投资房地产、分销系统和饭店。

当然,日本中小企业对外投资的地域和行业都经历过显著的变化。从对外投资的地区结构看,1973 年以前,日本中小企业把对外投资的重心放在韩国、台湾、香港、新加坡等新兴的发展中国家和地区;到了 20 世纪 80 年代,中国大陆吸引了日本的不少中小企业;80年代以后,日本中小企业的投资重点从亚洲地区转向了欧美。从对外投资的行业结构看,20 世纪 70 年代以前,日本中小企业的对外投资主要集中于制造业、机械加工业等劳动密集型部门,而此后,随着新技术革命和国际服务贸易的发展,信息产品、软件产品、服务性产业、金融业等日益成为日本中小企业对外投资的重点,并呈现出上升趋势。综观东南亚和欧美的不同区位特征,我们很容易理解日本中小企业对外直接投资的行业变化和区域变化是互相吻合。

从总体来看,日本中小企业在国内经历剧烈变动的产业结构变革,因此比其他国家的中小企业更加能够适应变化,灵活经营,加之与大公司之间的密切联系和多层次合作,所以日本中小企业在国际商务领域,尤其在国际直接投资中比其它国家的中小企业更为活跃。日本中小企业的对外投资行为更多地是由于宏观结构性推动

（国内剧烈的结构变革），而不是微观驱动，尽管后者在近年来日益突出。同时，日本的中小企业集群也对其国际化产生了重要影响。

3.2.2 美国中小企业国际化经营

20世纪70年代、80年代以来，美国政府采取各种措施大力鼓励和刺激小企业加强出口和对外投资，这些措施取得了比较显著的效果。

3.2.2.1 美国中小企业的对外贸易

传统上，美国小企业在出口方面的作用是很有限的。20世纪80年代初在制造业的37.6万家厂商中，估计有3万家出口其产品；在这3万家当中，约70%是500人以下的小企业，由此看出，出口贸易的绝大部分是由少数大企业完成的。20世纪80年代中期，商务部国际贸易管理局估计全美每5家出口其产品或劳务的企业中有3家是雇员少于100人的小企业，但小企业只占全部出口额的5%—10%。这比日本和欧洲国家的比重要小得多。就80年代末90年代初的情况来看：1989年，在通过自己的销售机构直接从事出口的243000家美国企业中，88%的企业雇员少于500人。在通过第三者如经纪人和贸易公司从事出口的企业中，一半是小企业，但这一年小企业只占全部制成品出口的21%左右。据估计，直到1991年，500人以下的小企业的出口额还只占总出口额的32.5%，即不到1/3。

近些年来，一方面，随着美国小企业的大量创办和迅速发展，其经营水平和素质也不断提高，另一方面，交通通信的极大进步也改善了小企业的竞争条件，诸如大型喷气式飞机、卫星和个人计算机、互联网络等交通通信工具都使小企业能更平等地同大企业在国际市场上展开竞争。从国际环境看，全球经济市场化、自由化的浪潮汹涌，尤其是新兴市场的崛起，为美国小企业提供越来越多的机会。更重要的是，美国政府出于改善长期以来居高不下的贸易逆差，也加大了扶植和鼓励小企业出口的力度。因此，小企业在出口中的贡献和作用迅速上升。1994年，小企业出口已占商品出口总额的1/3

以上。《大趋势》的作者约翰·奈斯比特(John Naisbitt)在书中提供的最新数据表明:1995年,美国的出口值有50%是由不到20个员工的最小企业所贡献的,只有7%的出口值来自员工500人以上的大企业。小企业(职员在500人以下)构成美国出口商总数的90%,占美国出口总值的30%左右。美国小企业有能力在世界每一个国家竞争。从1987—1997年的资料显示,美国头25大出口市场都有小企业的存在。小企业的出口活动四成在加拿大、日本和墨西哥。

更加重要的是,小企业在增加出口方面有着很大的潜力。原因主要有:小企业所生产和提供的种类繁多的商品和劳务,往往具有高超的质量和良好的服务;由于经营方法机动灵活、反应迅速,小企业能以大企业难以采用的方法打入较小的市场,灵活地满足国外顾客的特殊要求,迅速地适应激烈的国际竞争中瞬息万变的形势。尤其是高技术型小企业,其产品极具竞争力,且因属于知识密集型,价值较大,能赚取数量可观的外汇。早在20世纪80年代初,美国国会总审计局就估计,雇用职工在250人以下的非出口小企业,实际拥有每年出口42亿美元商品的能力。小企业管理局在为1995年白宫小企业大会准备的材料中也认为,参与出口的小企业会越来越多,小企业在出口中的作用和地位还将进一步提高。美国前总统克林顿也指出:"我们也希望使小企业有能力在全球经济中取胜。21世纪的最大挑战之一就是我们的国际竞争力。全部出口企业的96%是雇员少于500人的小企业,然而小企业当中只有10%从事出口业务;因此,增加小企业出口的潜力是巨大的。"[①]可以预期,在科技革命和新经济的迅速发展以及政府加强支持的有利环境下,随着经济生活国际化的发展以及积极参与对外经济关系的小企业日益增多,美国小企业在增加出口和外汇收入、减少国际贸易逆差等方面将起到越来越大的作用。小企业还起着技术发明创造的火车头作用,每年有55%的新科技是由美国小企业发明的。对社会影响更大的是,美国2/3的新工作是由小企业提供的,在这些新工作中,不仅年轻

---

① [美]《小企业状况:总统报告》,1995年。

人居多,而且年龄大的妇女居多,67%的人是第一次参加工作。

3.2.2.2　美国中小企业的对外直接投资

美国 1981 年的《对外投资年度报告》披露,美国制造企业在 1980 年实现了 252 个国外投资项目(1979 年是 159 项),这些企业中有 12 个以上被认为是中小企业(它们的年销售额低于 2500 万美元)。20 世纪 80 年代以来,外国政府特别是那些急需振兴民族经济的发展中国家的政府也越来越多地邀请美国中小企业前去投资,它们尤其看好那些发展潜力巨大的高科技中小企业(诸如医药公司、激光技术公司、电脑零部件公司等)。

中小企业经营灵活、决策迅速,在竞争日益激烈、瞬息万变的世界经济中,具有独特的竞争优势。经济生活的国际化与自由化也为美国中小企业提供了更多的机会。例如 1980 年,日本通产省在国际压力下制定了一项放松对于外国企业在日本开展经营业务限制的条例,此后 5 年里,大约 500 家美国中小企业进入了日本开展经营活动,到 20 世纪 90 年代初期,美国具备跨国公司性质的中小企业已有 600 家以上,其附属企业有上千家。更加重要的是,美国中小企业在对外投资方面有着巨大的潜力。只要国际国内环境有利,它们就会日益迅速地扩大对外投资活动。美国中小企业的对外直接投资的动因是一个综合的因素,根据联合国的调查,在北美(以美国为主)中小企业对外直接投资的动因中,与市场有关的动因成为最大的动因,这与全球范围的中小企业对外直接投资的总体特征是一致的。其中搜集信息这一因素,占所有 22 个动因中的 28.9%,其次是增强竞争力,占 25.0%。

对发展中国家而言,由于缺少工业化的资本以及相应的技术,因此,发展中国家也对美国中小企业的对外投资给予积极的响应。首先,美国的中小企业的对外投资也是发展中国家利用外资的一个来源;其次,利用外国投资可以促进技术进步;最后有利于进行产业结构的升级。经济全球化使全球的经济活动规则走向一体化,这对美国中小企业对外投资无疑产生了积极的作用。第二次世界大战后,美国对外直接投资的增长超过对外贸易的增长,更远远超过国内经济的增长,而且一直是遥遥领先的最大对外直接投资国,对外直接投资在 GDP 的比重占全世界之首,国外生产占其国内生产总值相当大的部分。其中小企业的对外直接投资也有很大的发展,对外直接投资的一个重要特点是:在资金的空间投向和资金的部门投向两方面都主要集中在发达国家。

随着各国经济国际化进程的加速推进,美国中小企业所面临的国内市场竞争强度越来越高,消费者在丰富多彩、琳琅满目的商品面前,对产品的期望值越来越高,这迫使企业在提高产品和服务质量的同时,更要注意不断地加大投入,以迅速地开发出创新型新产品。其结果是,产品的生命周期日益缩短,企业的研究开发费用却在迅速攀升,成本加大。在这种情况下,企业除了调整产品结构,加速主导产品的生产覆盖范围以外,还通过对外直接投资,开拓海外市场。

3.2.3　欧盟中小企业的国际化经营

3.2.3.1　欧盟中小企业的商品出口

欧盟国家的中小企业在国际市场上有一定的声誉和竞争能力。20 世纪 80 年代初,中小企业在全部商品出口中的比重较高,该比重在荷兰、意大利和原联邦

德国为 30%—40%。1984 年,法国中小企业出口额占全国总额的 20%以上,其中纺织品出口占 70%以上。[1] 近年来,随着国际传统产品市场的日趋饱和,竞争日益激烈,欧洲国家开始借助中小企业生产精密产品和高档消费品占领国际市场。同时,一些中小企业开始成为大企业的分包商,通过大跨国公司出售专利和许可证,另一部分中小企业以独立企业的身份参与技术输出。西欧国家的中小企业技术转让,主要是劳动密集型技术和小规模生产技术,也有一小部分尖端技术。

---

① 白钦先、薛誉华:《各国中小企业政策性金融体系比较》,中国金融出版社 2001 年版,第 25 页。

制造业是欧洲传统的出口产品,近年来,流通业和服务业的国际化经营不断增强(参见表 3-5)。从表 3-5 可以看出,在出口产品的结构中,中小型企业在流通业出口额中所占的比重超过了大型企业,在服务业出口所占比重也与大型企业相对接近,但在制造部门的出口比例虽有增长,与大公司的差距还是较大。

表 3-5　1994 年欧洲各产业部门出口额占总出口额的百分比(单位:%)

产业部门 ＼ 企业规模	微型	小型	中型	中小型	大型	总计
制造业	2.5	5.7	10.2	18.4	45.6	64.0
流通业	4.5	4.2	5.2	13.8	4.4	18.2
服务业	1.4	2.4	3.8	7.6	10.2	17.8
总计	8.4	12.3	19.2	39.8	60.2	100.0

注:此数据为欧洲统计局和各国统计局计算的估计值

资料来源:Zoetemer,BIM Small Business Research and Consultancy,转引自尤安山:《中小企业国际合作》,上海财经大学出版社 2001 年版。

3.2.3.2　欧洲中小企业的对外直接投资

由于数据收集的难度和欧洲各国产业、经济体制的多样性,我们很难总体上讲欧洲中小型跨国公司的情况。下面,我们就以瑞典为例进行分析(参见 3-6)。

与美国一样,欧洲大跨国公司占了该地区对外直接投资的绝大部分。从表 3-6 可以看出,瑞典在 1987 年有 3/4 的跨国公司为中小企业,但只占了对外直接投资员工总数的 2%。而且,瑞典中小型跨国企业对外直接投资在地理分布上依然以邻国为主,50% 以上的海外机构集中在北欧,而大公司的海外经营地域分布更广,只有 15% 的海外机构分布在斯堪的纳维亚地区。

另外,根据德国在 20 世纪 70 年代作的研究,27% 的进行对外直接投资的企业为中小企业,这些中小企业的国外分支机构人数占到德国在发展中国家分支机构总人数的 14%,而该比重在发达国家为 21%(Kayser & Schwarting,1981,p. 295)。Kayser(1981)指出,大约 300 家跨国公司中只有大约 1/5 是中小企业。另有证据表明,

德国的中小企业正日益增加地介入到国际非股权投资。从意大利
的情况看,根据 1987 年对意大利 211 家跨国公司的调查,60％的跨
国公司为中小型企业,它们拥有 29％的海外分支机构、7％的海外员
工和 6％的海外销售。在这些意大利中小型跨国公司中,员工人数
在 200 人到 499 人之间的企业在海外员工和销售方面的比例相对较
高。意大利的中型企业在 20 世纪 80 年代成长比其他企业快(
Mariotti,1989),这主要是由于中型企业相对不受小企业的资源约
束,同时又能避免大企业的管理科层组织,因而在开发利基市场、拓
展国际市场方面更具有优势。[①]

表 3-6　瑞典:1987 年跨国公司海外机构的员工数

地区	中小型		大型跨国公司	
	数字	份额(％)	数字	份额(％)
跨国公司数目	527	74	188	26
外国分支机构员工数	1110	2	476600	98
地区分布:				
发达国家	10400	94	359000	75
北欧地区	5800	52	70300	15
欧盟(不包括丹麦)	3400	31	203800	43
北美	1200	11	85000	18
发展中国家	700	6	117600	25
拉丁美洲	200	1	51800	11
亚洲	200	2	37300	8
其他	400	3	28500	6
所有国家	11100	100	476600	100

资料来源:Ministry of Industry,1990,pp48-49
转引自:Fujita (1998),The transnational activities of small and medium－sizedenter-prises,Kluwer Academic Publishers,并经整理而成。

---

① Fujita,The transnation al activities of small and medium-sized enterprises,Kluwer Academic Publishers,p83.

西欧不仅是欧洲中小型跨国企业最大的母公司所在地区,也是它们最大的投资区域。西欧日益吸引国内外的投资者,部分原因是欧盟统一大市场的前景。欧洲统一大市场的发展将影响中小企业跨国经营的模式,另一方面,附近的发展中国家和转型国家可以从为西欧市场服务的中小企业投资中获益。

　　从总体上看,欧盟中小企业国际化经营的主要方式包括:在国外设厂,签订许可证合同,委托代理商,在国内建立专门从事出口业务的中小企业集群等。同时,欧盟为了进一步发挥中小企业在经济增长、提供就业机会等方面的巨大作用,增强欧盟中小企业在国际市场的竞争能力,也不断加大中小企业投资力度、实行对中小企业的优惠政策、为中小企业提供国际市场信息、支持中小企业发展高科技等,这些措施进一步推动了欧洲中小企业的国际化经营。

3.2.4　我国台湾省的中小企业国际化

3.2.4.1　台湾中小企业的商品出口

　　台湾地区的经济属海岛型经济,资源匮乏,地狭人少,市场容量极其有限,客观上要求依赖海外市场来刺激岛内的生产。一方面,一些公营企业和大型民营企业在政府的庇护下几乎独占和垄断了岛内市场,这迫使众多的中小企业去国际市场寻求生机;另一方面,台湾当局对出口企业给予了税收上的优惠,从而形成了 20 世纪60—80 年代"中小企业主外、大企主内"的格局。

　　近年来,随着台湾地区大企业的复苏和金融危机后东南亚其他国家和地区的经济恢复,大企业在出口总额中的比重有所上升,中小企业的出口值比重下降较快。根据《2000 年中小企业白皮书》提供的资料,与 1998 年相比,1999 年中小企业直接出口值减少幅度为2.86%,相反,大企业的直接出口值增长 13.34%。表 3-7 是台湾地区中小企业和大企业在出口额中所占比重的情况。

表 3-7 台湾地区中小企业和大企业在出口额中所占的比重(%)

年度	1981	1985	1900	1991	1992	1993	1994	1995	1996	1997
大企业	31.90	38.80	42.69	43.12	44.08	45.23	47.44	49.35	50.25	51.23
小企业	68.10	61.20	57.31	56.88	55.92	54.77	52.56	50.65	49.75	48.77

资料来源:台湾"经济部"中小企业处,1998 年中小企业白皮书

从总体上看,台湾的中小企业在外销市场上的表现比在内销市场更为出色。如今,台湾的中小企业已经进入了升级转型的发展时期,众多的中小企业正致力于实现技术升级和产业转型,以提高其国际竞争力。在技术层次上致力于提高企业的技术档次和自动化水平,由劳动密集型产业向技术密集型产业转型,提高产品的科技含量和附加值;在组织结构上,由分散经营走向联合发展,实行网络化分工合作;在投资方向上,纷纷向东南亚国家和地区(包括大陆)投资,不断地扩展国际市场。

3.2.4.2 台湾中小企业的对外直接投资

中小企业在台湾的整个经济中起着重要作用。据统计,2000 年台湾中小企业的数量占了全部企业的 98.1%,就业人数占了总就业人数的 78.3%,出口额占总出口额的 29%。在对外直接投资方面,从 1952 年到 2001 年 7 月,台湾地区核准对外直接投资额已经超过 342.82 亿美元,投资项目数 31000 多项,平均投资规模为 110 万美元。在对外直接投资总额中,台湾中小企业占 1.36%,在投资项目总数中,中小企业占 13.49%,可见,中小企业的平均对外直接额仅为 10.5 万美元,远低于平均值 100 万美元。[①]

从地域分布看,台湾地区的对外直接投资主要集中美洲和亚洲,并以美国和东南亚地区为重点。近年来,随着海峡两岸关系的改善和东南亚地区的经济增长,台商日益把海外直接投资集中于中国大陆和泰国、马来西亚、印度、菲律宾、越南、新加坡等地区。

---

① 白钦先、薛誉华:《各国中小企业政策性金融体系比较》,中国金融出版 2001 年版,第 391 页。

从投资动机看,台湾中小企业总体并不具备海默和邓宁所强调的垄断优势。大部分台湾的中小企业科技、资本含量并不高,产品技术容易被模仿,它们的对外直接投资目的主要是出于求生存的防守行为。

台湾中小企业在岛内经营的竞争力受到了变动的环境影响,试图向岛外发展,以扭转相对弱势,重新确立竞争优势。比如,台湾的中小企业由于规模较小、资金短缺,比较偏向劳动密集型的行业。然而,随着台湾人均国民生产总值的增长,劳动者的受教育程度、生活水平、劳动技能的提高,劳动力报酬明显上升,环保和劳工意识抬头,造成中小企业,尤其是劳动密集型中小企业的成本攀升,影响了国际竞争力。又如,台湾的持续贸易顺差和台币升值增加了中小企业出口的难度,1983 年,1 美元为 40.27 台币,到了 2000 年,该数字为 31.23,削弱了台湾中小企业的价格竞争力,这一方面使得这种竞争力逐步被中国大陆和其它东南亚国家及地区取代,另一方面却也促使了它们的海外直接投资,以获取"货币溢价"。当然,台湾地域狭小、资源匮乏也是中小企业规避国内资源限制、利用东道国丰富资源的一种推力。

当然,各国都采取了一些优惠措施来吸引海外直接投资,比如税收优惠、财政补贴等优惠政策,对中小企业产生了拉力。对台湾的中小企业而言,大陆、东南亚各国除了可以提供廉价的劳动力和丰富的自然资源以外,这些国家日益扩大的市场规模和巨大潜力也颇具吸引力。

有时,台湾中小企业出于"跟随大客户"的策略进行海外投资。台湾中小企业的产业网络具有特色,通常以一家大企业为中心,联合众多中小企业,组成了一个以大企业为核心、各中小企业为辅助成分的产业生产分工体系。这样,中小企业在其大客户决定对外直接投资时,为了不失去重要客户,往往选择跟随大客户进入海外市场。比如,台塑集团对外投资时,其上下游的配套中小企业也跟着对外投资,而且这会形成一种示范效应。

综上所述,台湾中小企业目前的对外直接投资主要具有以下特点:中小企业的单项投资规模小,主要投资于临近台湾的发展中国家或地区,近年有向中国大陆增加投资的趋势;主要投资行业为出口导向型的劳动力密集型制造业,目前,电子业正在加快对外投资。海外直接投资的目的主要是降低成本,寻找新的生产基地,而不是获取技术或当地市场。

3.3 发达国家和地区中小企业
国际化发展对我国的启示

3.3.1 给予中小企业国际化经营的外贸自主权

无论是发达工业国家如美国、德国,还是新兴工业化国家如新加坡、韩国,政府对中小企业经营管理实行自由政策,在其外贸经营权上实施国际通行的工商登记制。凡适宜于中小企业经营的外贸业务,尽量让中小企业自主去经营,即中小企业既进行工业生产,又直接或委托其他私人外贸公司经营外贸业务,政府一般不直接干预。拥有国际贸易自主权的国外中小企业,减少了外贸出口价值链上的环节,增强了产品价格等竞争优势,推动了中小企业国际化进程的发展。

3.3.2 为中小企业国际化经营提供资金支持

资金短缺几乎是中小企业普遍存在的问题,在一般信贷市场上,中小企业由于自有资金少,信用度不高,经营风险大,很难获得贷款。即使获得贷款,也要比大企业多付出 2—5 个百分点的利息。国外政府帮助中小企业融通资金推动中小企业国际化经营的主要方式有:政府直接提供优惠贷款、贷款担保及贷款贴息等。

美国政府直接对中小企业提供融资渠道有三种:一是向中小企业进行风险投资;二是向遭受自然灾害的中小企业提供自然灾害贷款;三是向小企业提出口信贷。美国政府制定和实施了国际贸易信贷计划(ITL)和出口周转资金贷款计划(EWCP),对参与国际贸易的中小企业给予资金扶持。[①] 其中,据 ITL 中小企业管理局可以为中小企业提供 125 万美元的信贷担保,最长贷款期限可长达 25 年。

日本对中小企业资金支持力度更大,政府主要通过三条渠道为中小企提供融资服务:一是由五家政府系统金融机构向中小企业提供低息贷款,即国家金融公库、中小企业金融公库、中央公库、环境卫生金融公库、冲绳振兴发展金融公库;二是政府全资或部分出资成立专为中小企业申请贷款提供保险和担保机构;三是政府认购中小企业为充实资本而发行的股票和公司债券。此外,韩国、西班牙、比利时、欧盟等国家和地区也积极从资金方面扶持本国中小企业加快国际化进程。

3.3.3 为中小企业国际化经营提供信息、咨询服务

大多数西方国家设有中小企业国际营销与海外投资促进会等服务机构,协调与促进中小企业的对外经贸与涉外投资业务发展。政府部门也积极为企业提供贸易信息和指导出口实务。如美国商务部建立了贸易数据库,库中有 228 个国家和地区的 117 个行业信息资料,中小企业可以任意免费调用。由美国小企业管理局、小企业发展中心和退休经理志愿者服务团设立的向出口企业提供重要市场数据的 SBATLAS 系统,专门向出口的中小企业提供信息咨询服务。同时,为改变中小企业在国际贸易中的不利地位,小企业管理局在全国各地建立了 17 个"美国出口援助中心"、13 个"一站式资本店"和 60 个"妇女企业中心",以及出口法律帮助网络(ELAN),为中小企业出口提供信息及法律援助。

比利时政府设立了"费拉瓦—亚州基金"和"瓦隆援助资金",该基金不仅为中小企业提供各种免费或低成本信息与咨询外,还资助中小企业到国外实地考察,洽谈生意、参加展览会等国际经贸与交

---

① Kulkarni,s. The influence of the type of uncertainty on the mode of international entry[J]. America business review,2001,19,(1):94-101

流活动,支持中小企业外向型经济发展;韩国政府积极支持中小企业参加国际博览会,向中小企业提供出口情报和海外市场调研信息,并收集了国内1万家中小企业的5万多种产品信息,在因特网建立"韩国中小企业馆"主页,向国内外宣传,并牵头组织中小企业与贸易代理商洽谈,为企业营造商机,促进企业对外经贸业务的拓展。[①]

其他一些国家和地区,如欧盟大力发展"欧洲信息中心"(EICS),澳利亚的"中小企业出口促进计划",日本的"贸易振兴会"等机构和组织为国中小企业提供海外市场信息,指导行销业务,举办商品展等,扶持中小业开拓国际市场。

3.3.4　鼓励人才引进和技术创新

人才培养和技术创新是企业国际化经营的重要基础。很多外国政府为此制定了专项政策,支持中小企业聘用优秀人才和加强员工培训,并设立了专项基金,对符合条件的中小企业产品开发和技术创新给予补贴。德国政府在全国各地建立了众多的技术管理培训中心,免费为中小企业管理人员和工人提供多种培训,为鼓励中小企业不断革新技术,还设立了研究与技术专项基金,给予低息贷款和补助。澳大利亚政府积极采取裁税措施,提供各种社会化服务和技术推广服务计划,帮助中小企业了解、识别和吸收关键技术,开展技术发明和技术创新,增强产品科技含量,从而有力推动了中小企业出口的增长。对中小企业技术创新支持是美国中小企业政策重要组成部分,其优惠政策有:一是建立中小企业创新发展计划,要求政府每年向该计划提供经费,支持中小企业从事科研工作;二是向中小企业传播扩展技术知识和新的制造技术;三是提供税收优惠。更为重要的是20世纪90年代以来,美国实行高技术产业倾斜政策,先后将信息通讯技术、生物技术、新材料、新能源作为重要领

---

①　Bureel O. and Murray. The international market entry choice of start-up company in high-technolog [J]. journal of international Marketing,2000,8,(2):33-62.

域加以扶持,而中小企业占美国高技术企业的绝大部分,这种产业倾斜政策无疑大大激发了高技术型中小企业的技术创新热情和效率,增强了产品国际竞争力。[①]

　　日本、英国、法国等国家和地区也十分注重中小企业人才开发与技术创新工作,纷纷出台优惠扶持政策,鼓励中小企业人才培养和科技攻关,使其产品在国际市场占据较强的竞争优势,促进国际化经营战略。

3.3.5　加强对中小企业国际化经营战略路径选择的研究与指导

　　中小企业国际化经营路径选择指的是国际化经营主体、产业、区域和进入模式等方面的战略组合。选择什么样的国际化路径模式,尤其是选择本国何种产业(劳动、资本、知识密集型行业)投资于海外哪些国家和地区(发达、发展中国家、农业国)才能发挥其国际竞争优势,对于中小企业来说,是其融入全球化,趋利避害,发挥其相对优势并在国际市场占有一席之地的关键一环。

　　然而,由于中小企业受其规模、人才、信息及经营管理等方面限制,往往不能科学地制定出本企业国际化行动的路径与战略步骤,从而使其难以打入国际市场并获得发展。因此,帮助中小企业设计国际化路径战略和行动方案,就成为许多国家扶持中小企业国际化的重要举措。美国政府除了对中小企业国内业务进行指导外,更突出的是指导中小企业跨国经营,美国中小企业管理局实施由 520 所大学举办的专司为中小企业提供具体的海外经营咨询的中小企业研究所计划,在全美各地区设立 13000 多人组成面向中小企业咨询服务点 700 多个,协助中小企业了解国际市场状况,研究各国消费趋势与特点,制定中小企业海外经营优势产业与投资区域组合策略,并选择适当地进入国际市场模式,以推进中小企业国际化进程顺利发展。西班牙政府也高度重视研究、设计和安排中小企业国际

---

①　胡丽华:《国外推动中小企业国际化经验与启示》,载《江淮论坛》2001 年第 1 期。

化进程。1999 年 3 月,西班牙最高贸易理事会和外贸局制定了
"2000 年外贸促销计划",目的就是要帮助中小企业开阔国际视野,
有计划有步骤开展对外贸易,对国际化经营的目标市场、进入国际
市场的模式以及制定企业国际化行动方案进行详细指导,保证中小
企业海外经营的成功率。

第 4 章   中小企业国际化经营程度
与经营绩效的关系

4.1   企业国际化经营程度和绩效概念

4.1.1   企业国际化经营程度的概念

在从事国际化经营的企业中,有些企业的国际化经营活动规模大,范围广,对企业整体的发展影响大,这些企业被认为是国际化程度较高的企业;有些企业的国际化经营活动规模小,只涉及少数几个国家,其成败对企业整体的发展影响不大,这些企业被认为是国际化程度不高的企业。

中国企业的生产经营活动中,只要有一个环节是与国外发生联系,以国际市场份额的增长为目标,以盈利性活动为目的,就可算作是国际化经营了。因而,笔者认为,直接出口中的在国内建立出口部,在目标国家设立专事销售的分支机构或子公司,就地销售,旨在扩大国际市场份额、获取利益的这种行为应被视为国际化经营的起点,因为分支机构或子公司的设立可使企业直接获得国外市场信息,取得他国市场经营的经验,以便及时调整企业的政策。本文界定企业国际化经营程度是指企业的经营要素参与国际分工的程度,分别通过出口和投资两个方面的状况来进行衡量。

4.1.2　企业经营绩效的涵义

企业经营绩效是指对企业的盈利能力,企业的发展能力等的衡量。在对企业实际绩效进行定量分析时,人们一般侧重于对企业经营会计帐面业绩尤其是盈利情况和财务状况的研究,而对于企业经营活动产生的相关效应则不予重点考虑,这是因为这些效应往往难以用量化的指标来衡量比较。用于分析衡量企业经营业绩的最基本的两个会计指标是每股收益和净资产收益率,此外如总资产利润率、销售利润率及销售收入或营业利润增长率等反映企业盈利能力的指标,这些业绩指标的共同特点是来源于企业内部的帐面数据资料。

4.2　企业国际化经营程度模型

企业的国际化成长是一个复杂的动态过程,国内外学者对这一领域进行了大量的实证研究,并建立了相关的测评方法及评价模型,其中比较具有代表性的有苏利文的国际化模型、国际化进程六纬度测度模型和国际化蛛网模型,下面对此进行简要介绍。

4.2.1　国外的衡量方法

1. 五要素模型

美国学者丹尼尔·苏利文曾尝试使用五种经济指标衡量企业的国际化经营程度:国外销售占总销售的比率(FSTS)、国外资产占总资产的比率(FATA)、海外子公司占全部子公司的比率(OSTS)、高级管理人员的国际经验(TMIE)、海外经营的心理离散程度(PDIO)。表 4-1 是美国企业的国际化经营程度。

表 4-1　美国企业的国际化经营程度

公司名称	国外资产占总资产的比例	国外销售占总销售的比例	海外子公司占全部子公司的比例	海外经营的心理离散程度	高级管理人员的国际经验	国际化程度
Goodyear	0.37	0.42	0.65	0.6	0.0306	2.07
Quaker Oats	0.27	0.3	0.55	0.7	0.2481	2.07
NCR	0.42	0.6	0.41	0.5	0.0541	2.07
Dresser	0.29	0.44	0.56	0.8	0	1.78
Chevron	0.22	0.21	0.51	0.8	0.0327	1.72
International Paper	0.21	0.17	0.54	0.8	0	1.72
Pepsico	0.23	0.19	0.75	0.5	0.0472	1.72
United Technologies	0.28	0.33	0.35	0.3	0	1.26
Saralee	0.44	0.27	0.25	0.3	0	1.26
标准离差(N=74)	0.32	0.14	0.2	0.22	0.12	0.57
平均数(N=74)	0.32	0.38	0.59	0.68	0.08	2.05

资料来源：Sullivan,Daniel. Measuring the Degree of Internationalization of a firm. International Business Studies,1994,25(2):26-32.

　　苏利文的国际化经营程度模型是：

　　国际化经营程度(DOI)＝FSTS＋FATA＋OSTS＋TMIE＋PDIO

　　"心理距离"（Psychic distance）是指妨碍或干扰企业与市场之间信息流动的因素，包括语言、文化、政治体系、教育水平、经济发展水平等。该概念一般用于衡量投资者对海外市场的熟悉程度。"心理距离"表示母国与东道国的经济结构、发展水平、历史文化相似的程度，表 4-1 表示了美国公司的国际化经营程度。苏利文的计算方法既考虑了研究数据的可获得性，也兼顾了评价企业国际化经营的不同角度，即从国际化经营的结构因素、经营业绩因素和参与国际竞争的意识来衡量其发展水平。它比简单的用一种指标显然进了一大步。但是这种方法因为其难以测量和缺乏量化的标准而使适用的范围受到限制。

2. 六要素模型

芬兰学者威尔什和罗斯坦瑞尼年在国际化经营程度的衡量方法上做出了重要的贡献,提出了衡量国际化经营程度的六要素模型。有鉴于当前国际运作方式的多样化、国外市场的多元化、组织投入程度的不同,该模型从企业向国际市场提供的产品、国外生产经营方式、目标市场的选择、组织结构、融资方法和人员素质六个方面考察企业的国际化经营,设计了一个全面综合的评价分析企业国际化经营程度的模型,见图4-1。

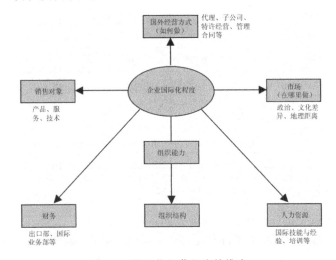

图 4-1 国际化经营程度的维度

资料来源:Welch,Luostarinen Internationalization:Evolution of a concept. Journal of General Management1988,14(2):263-271.

3. 跨国化指数

跨国化指数是联合国贸易和发展会议(UNCTAD)出版的《2000世界投资报告——跨国并购与发展》中提出的一种衡量跨国公司国际化经营程度的方法。

跨国化指数=(国外资产/总资产+国外销售额/总销售额+国

外雇员数/雇员总数)/3 并用跨国化指数来综合评价企业跨国经营程度,即跨国化指数越高,企业经营跨国程度越高。跨国化指数可以衡量跨国公司对国外资产、国外销售、国外雇员的依赖程度。跨国化指数高,说明海外企业相对于母国企业来讲,在跨国公司中的地位更高;跨国化指数越低,表明这个公司虽然也有海外企业,但对母国企业的资产、市场和雇员依赖程度更高。

表 4-2 是发展中国家最大的 50 家跨国公司和全球最大的 100 家跨国公司的跨国化指数的比较。

表4-2 发展中国家 50 强跨国公司与全球 100 强跨国公司跨国程度的比较

项目	发展中国家 50 强国家	全球 100 强跨国公司
国外资产	104	1808
国外销售	338	2149
国外雇员	1615216	5939470
跨国化指数	35.1	54.8

资料来源:江小娟:《我国对外投资和中国跨国公司的成长》,载《经济研究参考》2002年第 1 期。

可以看到,发展中国家的跨国程度是 35.1,发达国家是 54.8,发展中国家的跨国化指数明显低于发达国家跨国公司的跨国化指数。

跨国化指数反映了国外资产、国外销售、国外雇员在一家企业全部经营活动中的重要性,它揭示了跨国公司在全球经营的深度,但不完全适合中国企业的国际化经营程度的评价。

4.2.2 国内的衡量方法

近几年,国内学者在国际化经营程度的评价方面也进行了相当多的研究,主要有以下三种。

首先,中国学者鲁桐对中国企业国际化经营进行实证研究时,提出了"蛛网模型评价法",试图将反映企业国际化经营的六个方面进行五级量化分析。这六个方面分别是跨国经营方式、财务管理体制、海外营销战略的决策、组织结构、海外派遣管理人员的培训与使用、跨国化指数,用这六个方面的量化指标构建一个平面六维坐标系,在六个坐标轴上找出相应的各点,并依次连接构成一个六边形,由于其酷似一张蛛网,故称为蛛网模型。[①]

这个模型从国际化经营被反映在六个侧面来考察企业国际化经营程度,可以通过这六个方面的综合分析,找出企业国际化经营的优势和劣势;可以应用至进行企业国际化经营程度的横向比较,进而预测企业国际化的发展方向和速度,对企业发展战略的制定提供了基本的分析工具,具有广泛的客观适用性。但是,这个模型依然存在相当大的局限性:(1)各个指标的量化缺乏客观的依据,五个层次分值的区分也只是一个估算的模糊的概念;(2)总体的国际化程度也是用一个六边形围成的面积来说明,没有一个能够用数字表示的较准确的结果;(3)这六个方面对企业国际化的反映被认为是均衡的,即各占国际化经营的1/6,没有客观的依据,应该有一个科学地确定这六个方面权重的方法;(4)这六个方面是否可以全面准确地反映企业国际化经营的各个方面也是一个值得商榷的问题;(5)数据收集起来比较困难。

其次,我国学者谭伟强认为海外销售收入占主营业务收入的比重虽不能完全描述企业国际化的状况,但与其他指标相比,仍然具有相当的优越性,因此被广泛采用。他在其论文《多元化、国际化与企业绩效:基于中国上市公司的实证研究》中也应用这一指标来衡量中国企业国际化程度。[②]并设定海外销售收入占主营业务收入比重超过1%的公司为实施了国际化经营战略的公司。

最后,国务院发展研究中心企业研究所,中国企业国际化研究课题组对中国企业国际化经营程度的衡量通过海外经营比重和全球网点数来衡量中国企业的国际化经营程度,如表4-3。

---

① 鲁桐:《企业国际化阶段、测量方法及案例研究》,载《世界经济研究》2000年第3期,第30页。

② 谭伟强:《多元化、国际化与企业绩效:基于中国上市公司的实证研究》,载《世界经济研究》2006年第2期,第45—50页。

表4-3　中国部分企业国际化经营程度

企业	海外经营比重(%)		全球网点个数		
	海外经营额	员工	生产	研发设计	销售服务贸易
海尔	22	26	30	8	22
华为	60	25	3	6	7
联想	66	40	11	6	66
TCL	67	21	4	4	19
宝钢	17	—	3	—	11

资料来源:国务院发展研究中心,中国企业国际化经营课题组,2006 年

这种评价方法比较适合中国企业的实际,因为中国企业大多采取出口的方式进行国际化经营,国际化经营的网点数、出口额等数据比较能够取得,有较强的可比性和适用性。

4.3　企业绩效评价方法

企业的经营绩效评价,指的是对企业一定经营期间的资产运营、财务效益、资本保值增值等经营成果进行真实、客观、公正的综合评判。

4.3.1　传统的会计方法

国内外学者大多采用传统的财务指标来衡量企业的绩效,如每股收益(EPS),净资产收益率(ROE),资产回报率(ROA)(总资产收益率)衡量公司的绩效。[1]

每股收益＝(净利润－优先股股利)/流通的加权平均普通股股数;

---

[1]　李冠众:《财务管理》,机械工业出版社 2006 年版,第 41—43 页。

净资产收益率(权益净利率)＝净利润/平均净资产；

资产回报率＝息税前利润/资产平均占用额＝(净利润＋所得税＋利息)/资产平均占用额。

虽然,国外有不少学者采用财务指标来衡量公司绩效,但是大多数学者采用 TobinQ 值或超额价值来衡量公司的绩效。

4.3.2 托宾 Q 值法

托宾 Q 值反映企业的市场价值是否大于给企业带来现金流量的资本成本。如果它大于 1,则表明企业创造的价值大于投入的资产(所有者权益十负债)的成本,表明企业为社会创造了价值,反之,则浪费了社会资源。用公式表示是:

托宾 Q 值＝企业总资产的市值/企业重置成本＝企业总资产的市值/总资产的账面价值,其中总资产的市值＝总负债的市场价值十权益资本的市场价值。

虽然国外的此类研究中大多使用托宾 Q 值作为衡量公司绩效的指标,他们认为托宾 Q 值可以反映"治理"这种无形要素的"附加价值",并有大量的相关文献对其价值相关性进行了经验分析。[①] 但是,在我国资本市场不尽完善的现有条件下,沿用托宾 Q 值衡量企业绩效存在着不少缺陷:一是相关计算数据难以取得,如公司资产的重置价值,我国一般是用总资产账面价值来衡量,但账面价值与市场重置成本实际上差异很大;二是权益资本市场总值是以计算期间内股票的市场价格乘以发行在外的普通股的股数计算出来的,但在我国非流通股占较高比例的股票市场中,大量不能交易的国有股和法人股的估值就非常困难,难以确定流通股的市价是否因为存在大量不能交易的国有股和法人股而过高或过低,同时在中国股市中股票价格与企业绩效相背离也屡见不鲜,公司股价可能由于炒作而远远偏离其真实价值,股价的频繁波动也会造成权益资本计算的失真。

---

① 周英顶:《多元化战略与公司绩效的实证研究》,载《经济研究》2004 年第 4 期,第18—19 页。

4.3.3　道格拉斯·托马斯衡量国际化绩效的指标

道格拉斯·托马斯使用净资产收益率和资产收益率、超额市场价值和平均市场价值来衡量国际化绩效,前两个指标衡量企业国际化经营的短期收益,后两个指标衡量企业国际化经营的长期收益。

4.3.4　国有资本金绩效评价体系

自 20 世纪 90 年代以来,我国先后出台了几套绩效评价体系。我国企业目前普遍采用的是 1999 年 6 月由财政部会同原国家经贸委、人事部、原国家计委联合颁布的国有资本金绩效评价体系。国际化经营企业也普遍采用这一评价体系。该指标体系主要由绩效评价制度、评价指标、评价标准和评价组织四个子体系组成,其中企业绩效评价指标由反映企业财务效益状况、资产营运状况、偿债能力状况和发展能力状况四方面内容的基本指标、修正指标和评议指标三个层次共 28 项指标构成[①],见表 4-4。

表 4-4　企业绩效评价指标体系与指标权数表

评价指标		基本指标		修正指标		评议指标	
评价内容	权数	指标	权数	指标	权数	指标	权数
财务效益状况	38	净资产收益率	25	资本保值增值率	12	经营者基本素质	18
				主营业务利润率	8	产品市场占有能力	16
		总资产收益率	13	盈余现金保障倍数	8	基础管理水平	12
				成本费用利润率	10		
资产运营状况	18	总资产周转率	9	存货周转率	5	发展创新能力	14
		流动资产周转率	9	应收帐款周转率	5	经营发展战略	12
						在岗员工素质	10

[①]　崔永红:《农业产业化经营绩效评价指标体系的思考》,载《农业技术经济》2005 年第 4 期,第 28—32 页。

续表 4-4

评价指标		基本指标		修正指标		评议指标	
评价内容	权数	指标	权数	指标	权数	指标	权数
偿债能力状况	12	资产负债率	12	现金流动负债比率	10	技术装备更新水平	10
		已获利息倍数	8	速动比率	10		
发展能力状况	22	销售(营业)增长率	12	三年资本平均增长	9	综合社会贡献	8
		资本积累率	12	三年销售平均增长率	8		
				技术投入比率	7		

　　注：企业绩效评价实行百分制，指标权数采取专家意见法确定。其中：计量指标(包括基本指标和修正指标)权重为80%，非计量指标(评议指标)权重为20%，在实际操作中，为了计算方便，各层次指标权数先分别按百分制设定，然后按权重还原。

　　资料来源：崔永红：《农业产业化经营绩效评价指标体系的思考》，载《农业技术经济》2005年。

4.4　我国中小民营企业国际化经营程度与企业绩效间关系的实证研究

4.4.1　理论模型

　　企业国际化战略被认为是企业战略的关键部分，它为企业成长提供了巨大的机会，规模经济，范围经济以及寻求比较优势。由于企业国际化战略的最主要动机是取得高于平均水平的投资收益率和创造新的竞争优势。特别是随着国际经济一体化趋势的不断加强，制定国际化战略，实施国际化经营不仅成为促进公司发展的重要战略，而且成为一个公司战胜竞争对手，获得生存与发展的一般途径。

　　依据国际市场进入模式理论，出口进入模式对外国市场的渗透是有限的。投资进入模式是三种模式里需要花费的资源最多，面临风险最大的模式，但同时对市场的渗透最完全，获得的控制权也最强的模式。我国民营中小企业的国际化经营大多采取出口的形式进行,出口是我国民营中小企业国际化经营的普遍方式,而当企业因为出口获得了较大的国际市场,企业有相当的资源和实力企业会通过对外直接投资的方式加大国际化经营的力度。

在动态环境下,企业及其各业务单位需要根据环境的动态变化来不断调整既有的经营活动或战略导向,以便更好地应对来自于需求波动和技术创新的挑战,而企业国际化有助于利用企业的相对优势,利用世界资源,强化企业的竞争能力,并对企业绩效产生积极影响。我国民营中小企业大多以出口作为最初的战略导向,利用企业自身的相对优势,当企业同有一定规模的世界市场,并具有了较大的所有权优势,企业倾向于采取自愿承诺高,风险也较大的投资方式进行国际化经营,因此,本文主要从出口这个维度来衡量我国民营中小企业的国际化经营程度。

一个企业的国际化经营如向在多方面差异较大的国家转移,这往往是它在国际化经营方面更为成熟的一个重要标志,国际化经营程度的大小受企业国际化经营经验等几个因素的影响,企业的国际化经营程度越高,可能产生更高的国际化收益,也可能带来更高的国际化成本,进而影响企业的经营绩效。企业国际化战略的制定与实施必然会给企业的经营绩效带来影响。这与传统的战略管理分析框架(环境——战略——绩效)和大量实证研究的结果相符。

从国外以前的企业国际化程度与企业绩效关系的实证研究综述中已得出一般性的结论:在经济全球化的动态环境中,国际化经营程度在一定程度上会对企业竞争力或经营绩效产生积极影响。本文研究的对象是我国开展国际经营业务的民营中小企业,其应对环境变化的企业国际化成长战略与企业的国际经营绩效之间必然存在某种联系。因此,本文建立了国际化程度与企业绩效间的一般关系模型。

4.4.2 研究假设

国外许多研究都揭示了国际化经营程度对经营绩效的影响,虽然对于国际化经营程度和经营绩效的关系还存在争论,但无论是认为是直线关系还是曲线关系,都或多或少验证了国际化经营程度对经营绩效的影响。并且,从上面的分析可以看到,虽然国际化会带来收益,也会发生巨大的成本,国际化经营的成本在于将不得不面临所在国的行业管制、贸易壁垒、跨文化管理、政治风险以及代理问题,但同时,国际化经营战略使企业可以通过规模效应、特殊地域的优势和协同效应等优势来提高企业的经营绩效。所以,国际化经营程度对绩效的影响是根据收益与成本之间的交互变化来说明的,两者之间一定有关联。

因此提出基本假设:我国民营中小企业的经营绩效与其国际化经营程度有显著的正相关关系。该假设包含两个子假设,即:

(1)净资产收益率与国外市场渗透率有显著的正相关关系;

(2)每股收益与国外市场渗透率有显著的正相关关系。

4.4.3 变量设计

4.4.3.1 企业国际化经营程度的变量设计

企业国际化经营程度是描述企业国际化战略的一项重要指标,许多学者提出了许多可行的测度方法。本文依据我国民营中小企业国际化的实践,结合以前学者在这方面的研究,提出我国民营中小企业国际化程度的测度方法。

国内外对企业国际化经营程度的测度方法研究中,对国际化经营程度的构建有没有一个比较完善的理论分析,使得研究者通常运用各种不同的方法度量它。比如,国际化程度应用于国外销售占总销售的比率这个指标,其只表明在国际化经营中外国市场渗透这一个维度。另外一些常用的国际化程度的衡量方法包括国外资产占总资产的比率和外国雇员占总雇员的比率。在国内外的有关研究中,绝大部分是把企业的国际化经营看作是企业如何或者怎样进行跨国经营的,因而在很多文献中,认为间接出口是企业国际化的起点。由于规模经济和范围经济的存在,加之每个企业在其经营的过程中,资源的构成十分复杂,而且各不相同,因此很难对资源和能力在各个国家的分布情况进行直接的定量评价,只能利用企业国际化经营的相关指标间接的来衡量。

本文认为我国民营中小企业的出口额代表了其国际化经营的深度。因此,为了准确地表述国际化程度,本文将对我国民营中小企业的国外市场渗透率进行测量。

$$国外市场渗透率=出口交货额/营业收入 \qquad (4-1)$$

国外市场渗透率是分析企业国际化程度的一项重要指标,反映企业占有国际市场程度的状况。

4.4.3.2　企业经营绩效的变量设计

国际化经营企业的经营绩效可以通过一系列的财务指标来反映,反映企业经营绩效的指标有很多,在实证研究中,往往以若干关键性的核心指标为代表。根据可获得性及可比性的原则,拟采用净资产收益率、每股收益及表示企业经营绩效。

1.净资产收益率(ROE)

该指标反映企业股东权益的收益水平,其值越高,说明投资带来的收益越高。其计算公式是:

$$净资产收益率(ROE)=净利润/净资产*100\%$$

净资产收益率是反映资本收益能力的国际通用指标,它是杜邦财务分析体系中的核心指标。一般认为企业净资产收益率越高,企业自有资本获取收益的能力越强,运营效益越好,对企业投资人、债权人权益的保证程度越高。

2.每股收益(EPS)

它是本年净收益与年末普通股份总数的比值,是衡量上市公司盈利能力、经营效益最重要的财务指标之一。其计算公式是:

$$每股收益=(净利润-优先股股利/流通的加权平均股股数)*100\%$$

该指标反映普通股的获利水平,指标值越高,每一股份可得的利润越多,股东的投资收益越好,反之则越差。在分析时,可以进行公司间的比较,以评价该公司的相对盈利能力,也可以用于不同时期的比较,了解该公司盈利能力的变化趋势,所以其是衡量公司盈利能力的一个主要指标。

4.4.4　样本及数据

4.4.4.1　样本选取

样本的选择对实证研究结果有着重大的影响。为了使研究的结论更具有客观性、有效性、指导性,在样本的选取上设定以下的原则。

第一,经营数据公开、易获得。我国民营中小企业中的上市公司可以满足这一要求。

本文选取沪深两地上市公司中的中小企业板块中的部分公司,作为研究对象进行研究。之所以选择于以下考虑:上市公司运作相对比较规范,其数据的可靠性比较强;同时上市公司的数据定期公布,便于收集研究所需要的数据。

第二,非垄断性。工业企业中的水、电、气、城市公用设施、金融企业由于具有自然垄断性的特点和较强的政府管制行为,具有系统性偏差,因此,不在样本选取之列。

第三,国际化经营的企业。根据国际化的定义,此处采用狭义国际化的定义,即一个企业从国内经营走向国外经营,成为跨国公司的过程。本文的国际化经营程度变量是从零(只在国内经营)到 1(100%的国际化企业)的一个连续变量。该实证研究的样本选择主要依据 2010 年上市公司年报。论文关注的重点是国际化经营程度对经营绩效的影响。

4.4.4.2　数据来源及分析方法

对企业国际化程度和企业国际化绩效的衡量,除了要确定具体的衡量标准,还要收集有关信息和数据。这些数据通常分为宏观数据和微观数据两大类。宏观数据可以反映不同地区或国家的国际化企业从事生产经营活动的情况,主要来源包括国际性机构(如联合国贸易和发展会议、世界银行、世界投资报告),地区性机构和各国有关政府部门(如商务部、国际统计局)。微观数据主要来自企业,可以从不同的角度说明单个企业的国际化程度及绩效。

本文的研究因客观条件的限制,大部分数据通过上中企联合网、联合国贸易与发展会议、世界投资报告、WTO网站、参考别的学者的研究报告等形式获得的资料进行计算、统计得出。本文使用的数据都来自我国主要证券交易所的94家中小企业上市公司2010年公布的年报。主要应用了相关分析方法,对分别绩效指标与国际化程度的各个指标进行相关分析,主要应用SPSS统计分析软件11.0完成。

4.4.5　样本的描述性统计

本部分运用相关分析就企业国际化经营程度对经营绩效的影响进行实证研究,应用spss统计软件进行数据分析,详见表4-5所示。

表4-5　描述性统计

	N	Minimum	Maximum	Mean	Std. Deviation
净资产收益率	94	−27.42	43.79	11.5230	8.16740
每股收益	94	−.58	2.06	.5177	.38752
国外市场渗透率	94	.59	97.32	35.8881	28.33549
Valid N (listwise)	94				

从表4-5可以看出,国外生产渗透率的均值为35.88%,最大值为97%,最小值为1%;净资产收益率的均值为11.52%,最大值为43.79%,最小值为−27.42%;每股收益的均值为0.52元,最大值为2.06元,最小值为−0.58元。

4.4.5　相关性分析

4.4.5.1　净资产收益率与国外市场渗透率的相关分析
净资产收益率与国外市场渗透率的相关分析详见表4-6所示。

表 4-6　相关性分析

		净资产收益率	国外市场渗透率
净资产收益率	Pearson Correlation	1	.225(＊)
	Sig. (2-tailed)	.	.030
	N	94	94
国外市场渗透率	Pearson Correlation	.225(＊)	1
	Sig. (2-tailed)	.030	.
	N	94	94

＊Correlation is significant at the 0.05 level (2-tailed).

从表 4-6 可以看出,净资产收益率与国外市场渗透率的相关系数为 0.225,相伴概率值为 0.030,小于 0.05,即总体无显著相关的概率小于 0.05,则两者显著相关,证明了子假设 1。

4.4.5.2　每股收益与国外市场渗透率的相关分析

每股收益与国外市场渗透率的相关分析详见表 4-7 所示。

表 4-7　相关性分析

		每股收益	国外市场渗透率
每股收益	Pearson Correlation	1	.057
	Sig. (2-tailed)	.	.584
	N	94	94
国外市场渗透率	Pearson Correlation	.057	1
	Sig. (2-tailed)	.584	.
	N	94	94

从表 4-7 可以看出,净资产收益率与国外市场渗透率的相关系数为 0.057,相伴概率值为 0.584,大于于 0.05,即总体无显著相关的概率大于于 0.05,则两者并非显著相关,否定了子假设 2。

4.4.6　结论

本实证研究旨在确定我国民营中小企业国际化程度对绩效的影响。以前国外的许多研究得出了相互矛盾的结论,一些研究表明是一个正的线性关系,最近以来的研究认为是一个 S 型关系。

本研究建立了适合我国民营中小企业国际化实际的衡量国际化程度和国际化绩效两个的指标体系。本研究认为,国际化程度可以用国外生产渗透率这一指标来进行衡量。国际化绩效包括:净资产收益率(ROE)、每股收益(EPS)。结论是我国民营中小企业的经营绩效与其国际化程度有相关关系。具体而言,净资产收益率与国外市场渗透率有显著的正相关关系,但每股收益与国外市场渗透率并不存在显著的正相关关系。

第5章　影响民营中小企业国际化经营的因素的实证研究

5.1　研究的目的与意义

在经济全球化、市场一体化、知识经济、网络经济、以及中国已成为 WTO 成员国并且谋求"走出去"与"请进来"并重的大环境下，使得中国企业参与国际分工程度进一步加深，国际竞争环境日趋激烈。中国企业，特别是过去长期关注国内市场的民营中小企业再也不能固守着国内市场、回避全球化的竞争与挑战。鉴于我国的实际情况，中小企业几乎是完全暴露于国际市场竞争的大环境中，我国中小企业的产生、发展的过程都是伴随着我国改革开放政策、从计划经济过渡到市场经济的过程的。我国民营中小企业总体而言，起点较低、竞争力较差。在复杂多变的国际竞争中，我国民营中小企业往往是表现得不知所措。鉴于此，本文研究民营中小企业的国际化经营问题，找出影响不同类型中小企业国际化经营的因素，审视我国民营中小企业国际化经营过程中的可持续核心竞争力问题，结合现阶段我国的实际市场培育状况，找到一条适合中国民营中小企业的国际化经营之路。

5.2　研究内容

本文的研究内容为我国民营中小企业国际化经营的影响因素分析。

5.3　研究方法与步骤

5.3.1　研究方法

本着在对过去相关文献做了总体回顾的基础上,采用问卷调查法,通过面谈、电话访问和网络访问等方式,向已经有国际化经营行为和准备实施国际化经营战略的民营中小企业的管理者收集影响我国中小企业国际化经营的各种因素的有关内容,然后,采用多元统计分析方法解析影响因素的结构,并对各相关因素进行统计分析。

5.3.2　研究步骤

具体的研究步骤如下。

第一步:项目收集与初始问卷编制。

本研究选择若干已进行国际化经营的民营中小企业的管理者做被试,采用问卷调查、访谈法,收集他们对我国民营中小企业国际化经营的影响因素的看法,整理成相应的条目,同时结合文献调研、专家访谈等形式所收集到的条目,对所收集到的各条目进行整理、分析,形成初试问卷。

第二步:预试。

初试问卷编好后,本研究实施了预试,预试对象的的选择与后来正式测试所抽取的对象采用相同的标准。问卷回收后,逐一对照检查,对于数据不全或不真实填写的问卷,予以删除。

第三步:项目分析。

项目分析采用上下位"临界比率"法(简称 CR)。将所有被试者在预试问卷的得分总和,按照高低进行排列,得分前 25% 为高分组,得分后 25% 为低分组,对高低二组被试在每项目得分平均数进行差异性检验(T 检验),如果项目的 CR 值达显著性水平即 $P<0.05$,表

明这个项目能鉴别不同被试的反应程度。对 CR 值未达显著性程度的项目予以删除。

第四步：信度和效度检验。

信度是指问卷调查结果的可靠性或可信度。信度检验有多种方法,本研究采用内部一致性系数。一般认为,a 系数在 0.6—0.7 之间属可接受水平,a 系数在 0.7—0.8 之间为比较好,在 0.8—0.9 之间属相当好,0.9 以上为非常好。

第五步：影响因素的结构探讨。

对调查数据进行探索性因素分析,目的在于找出影响我国中小企业国际化经营的潜在影响因素结构。同时,这也是检验问卷结构效度的方法之一。

第六步：相关因素的统计分析。

第七步：在以上研究的基础上,对我国中小企业国际化经营的影响因素结构进行理论层面的分析。

第八步：对我国中小企业国际化经营方式的选择提出建议。

5.4　预研究

预试的目的,就是通过开放式问卷调查、访谈、专家讨论等方式收集有关影响我国中小企业国际化经营的影响因素内容、条目,以便编制初始的调查问卷。

5.4.1　项目收集与编制初始问卷

在文献研究的基础上,选取各种不同性质、类型的,不同行业(金融业、制造业、服务业、商业、高新技术产业等)的企业近 41 家,发放开放式问卷 287 份,邀请企业的中高层管理者尽量多地写出影响中小企业国际化经营的各种因素项目。收回有效问卷 232 份,问卷回收率 80.84%。

将所收集到的中小企业国际化经营影响因素项目进行分析,按

频次归类，整理出项目反应频次在 1 以上的条目 33 个。再请专家对
整理出来的所有条目逐一讨论，删除一些不属于影响因素的条目，
补充一些条目，最后得出 29 个民营中小企业国际化经营影响因素
项目。将这 29 个中小企业国际化经营影响因素条目编排成随机排
列的题目，构成中小企业国际化经营影响因素重要性评价初试
问卷。

5.4.2　预试

1.被试

选取广东、湖北、上海、北京、安徽、浙江等地区各种不同类型的
企业（知识密集型、劳动密集型、混合型）、不同行业（制造业、服务
业、商业零售、高新技术产业等）的企业共 50 家。发出初试问卷 250
份，收回有效问卷 152 份，问卷回收率 55.2％。被试情况如表 5-1 所
示。

表 5-1　预试情况一览

分类		总计 138
性别	男	113
	女	25
年龄	21—30	26
	31—40	43
	41—50	34
	51—60	26
	60 以上	9
文化程度	高中及以下	21
	本科	60
	硕士	42
	博士	15

续表 5-1

分类		总计 138
公司年限	三年以下	34
	3—5 年	57
	5—10 年	33
	10 年以上	14
企业规模	50 人以下	71
	50—200	59
	200—500	18
企业类型	知识密集型	16
	资本密集型	17
	劳动密集型	47
	混合型	58

2. 工具

请上述被调查对象对 29 个项目的初试问卷的每个项目在影响我国中小企业国际化经营中的作用（或重要性）进行评价。问卷采用李克特 5 点重要性评价法：（1 为"非常不重要"；5 为"非常重要"依此类推）。

3. 探索性因素分析结果

用 SPSSforWindows13.0 统计软件包对预试数据进行统计分析。先对经过编码后的全部有效数据进行 KMO 和球形 Bartlett 检验，以确定进行因素分析的可行性。检验结果表明，KMO＝0.707，远大于 0.5，适合作因素分析（如表 5-2 所示）。

表 5-2 KMO 和 Bartlett 检验结果

KMO 抽样适当性参数		0.707
Bartlett 球形检验	卡方值	1294.82
	自由度	378
	显著性水平	.000

统计结果表明,预试数据适合做因素分析。原始数据采用主成分抽取的方法,经过最大正交旋转,抽取特征值大于 1 的 9 个因子,取因素负荷水平 0.400 以上的项目,留下 28 个项目,总方差解释率为 64.366%,方差解释率较高,达到可接受水平,各因素内容可解释性较好。

一般情况下,各因子累积方差解释量达到 60% 以上,则表明量表问卷具有良好的结构效度。本次数据分析中因子累积方差解释率达到了 64.366%,表明本问卷的结构效度达到可接受水平。在共同度方面,所有项目的公因子方差都在 0.500 以上,说明公因子解释了观测变量的大部分变异。第一次预试结果的大部分因素与构想大致相符,但是因素太多,结构不太理想,一些项目有双重负荷(预试的有关因素分析的详细数据见附录 1)。因此,有必要在正式调查中作进一步修订。

通过对预试问卷进行探索性因素分析,结合文献、专家访谈、以及企业的实际国际化经营经验,对初试的中小企业国际化经营影响因素重要性评价问卷进行修订,最后确定了表 5—4 中特征值大于 1 的 9 个因子的 25 个项目,将这 25 个项目编制成正式的中小企业国际化经营影响因素重要性评价问卷。

5.5　正式研究

5.5.1　被试

正式调查选取北京,上海,浙江,广东,云南,安徽,湖北等地各种不同规模(0—50 人,50—200 人,200—500 人)、不同类型(知识密集型、资本密集型、劳动力密集型、混合型)的中小企业共 85 家。发出问卷 196 份,收回有效问卷 153 份,问卷回收率 78.1%。其中,经过检查核对,最终有效问卷为 135 份。被试特征见表 5-3—表 5-13 所示。

表 5-3　领导年龄

		Frequency	Percent	Valid Percent	Cumulative Percent
Valid	1	8	5.9	5.9	5.9
	2	37	27.4	27.4	33.3
	3	63	46.7	46.7	80.0
	4	22	16.3	16.3	96.3
	5	5	3.7	3.7	100.0
	Total	135	100.0	100.0	

注：0.未填；1.21—30 岁；2.31—40 岁；3.41—50 岁；4.51—60；5.60 以上

表 5-4　领导性别

		Frequency	Percent	Valid Percent	Cumulative Percent
Valid	1	126	93.3	93.3	93.3
	2	9	6.7	6.7	100.0
	Total	135	100.0	100.0	

注：1.男；2.女

表 5-5　文化程度

		Frequency	Percent	Valid Percent	Cumulative Percent
Valid	1	22	16.3	16.3	16.3
	2	81	60.0	60.0	76.3
	3	24	17.8	17.8	94.1
	4	8	5.9	5.9	100.0
	Total	135	100.0	100.0	

注：1.高中 2.本科 3.硕士 4.博士

表5-6　企业性质

		Frequency	Percent	Valid Percent	Cumulative Percent
Valid	1	12	8.9	8.9	8.9
	2	80	59.3	59.3	68.1
	3	39	28.9	28.9	97.0
	4	4	3.0	3.0	100.0
	Total	135	100.0	100.0	

注:0.未填;1.国有;2.民营;3.合资;4.独资

表5-7　是否家族企业

		Frequency	Percent	Valid Percent	Cumulative Percent
Valid	1	19	14.1	14.1	14.1
	2	116	85.9	85.9	100.0
	Total	135	100.0	100.0	

注:1.是;2.否

表5-8　企业规模

		Frequency	Percent	Valid Percent	Cumulative Percent
Valid	1	27	20.0	20.0	20.0
	2	43	31.9	31.9	51.9
	3	57	42.2	42.2	94.1
	4	8	5.9	5.9	100.0
	Total	135	100.0	100.0	

注:0.未填;1.0—50人;2.51—200人;3.201—500人

表 5-9　企业年龄

		Frequency	Percent	Valid Percent	Cumulative Percent
Valid	1	10	7.4	7.4	7.4
	2	30	22.2	22.2	29.6
	3	50	37.0	37.0	66.7
	4	45	33.3	33.3	100.0
	Total	135	100.0	100.0	

注:1.3 年以下;2.3—5 年;3.5—10 年;4.10 年以上

表 5-10　企业类型

		Frequency	Percent	Valid Percent	Cumulative Percent
Valid	1	38	28.1	28.1	28.1
	2	46	34.1	34.1	62.2
	3	11	8.1	8.1	70.4
	4	40	29.6	29.6	100.0
	Total	135	100.0	100.0	

注:0.未填;1.知识密集型;2.劳动密集型;3.资本密集型;4.混合型

表 5-11　是否国际化

		Frequency	Percent	Valid Percent	Cumulative Percent
Valid	1	82	60.7	60.7	60.7
	2	53	39.3	39.3	100.0
	Total	135	100.0	100.0	

注:0.未填;1.是;2.否

表 5-12　企业所在地

		Frequency	Percent	Valid Percent	Cumulative Percent
Valid	安徽	4	3.0	3.0	3.0
	北京	15	11.1	11.1	14.1
	福建	5	3.7	3.7	17.8
	广东	27	20.0	20.0	37.8
	广西	3	2.2	2.2	40.0
	广州	1	.7	.7	40.7
	河北	1	.7	.7	41.5
	湖北	41	30.4	30.4	71.9
	江苏	2	1.5	1.5	73.3
	辽宁	1	.7	.7	74.1
	内蒙	3	2.2	2.2	76.3
	山东	3	2.2	2.2	78.5
	上海	6	4.4	4.4	83.0
	四川	1	.7	.7	83.7
	台湾	1	.7	.7	84.4
	武汉	1	.7	.7	85.2
	云南	3	2.2	2.2	87.4
	浙江	17	12.6	12.6	100.0
	Total	135	100.0	100.0	

表 5-13　市场地位

		Frequency	Percent	Valid Percent	Cumulative Percent
Valid	1	29	21.5	21.5	21.5
	2	77	57.0	57.0	78.5
	3	29	21.5	21.5	100.0
	Total	135	100.0	100.0	

注：0.未填；1.上游；2.中游；3.下游

5.5.2 工具

使用预试后所获得的包含 28 个项目的中小企业国际化经营影响因素重要性评价问卷(见附录 2),采用 5 点等级法。

5.5.3 结果分析

先检验作因素分析的可行性。因素分析的可行性检验用 SPSS for Windows 11.0 统计软件对正式调查数据进行统计处理。对数据进行因素分析的适合性检验:KMO=0.800,大于 0.5,适合作因素分析。检验结果见表 5-14(正式研究有关因素分析的详细数据见附录 3)

表 5-14　KMO and Bartlett's Test

Kaiser-Meyer-Olkin Measure of Sampling Adequacy.		.800
Bartlett's Test of Sphericity	Approx. Chi-Square	1373.337
	df	300
	Sig.	.000

采用主成分分析法,正交旋转,提取特征根大于 1 的因子,共提取了 7 个因子,累计方差解释率为 64.459%,因子负荷均在 0.40 以上,结果较为理想。见表 5-15、5-16 所示。

表 5-15　Total Variance Explained

Component	Initial Eigenvalues			Extraction Sums of Squared Loadings		
	Total	% of Variance	Cumulative %	Total	% of Variance	Cumulative %
1	6.641	26.565	26.565	6.641	26.565	26.565
2	2.505	10.020	36.586	2.505	10.020	36.586
3	1.959	7.837	44.422	1.959	7.837	44.422
4	1.403	5.611	50.034	1.403	5.611	50.034

续表 5-15

Component	Initial Eigenvalues			Extraction Sums of Squared Loadings		
	Total	% of Variance	Cumulative %	Total	% of Variance	Cumulative %
5	1.338	5.353	55.387	1.338	5.353	55.387
6	1.192	4.769	60.156	1.192	4.769	60.156
7	1.076	4.304	64.459	1.076	4.304	64.459
8	.993	3.973	68.432			
9	.859	3.437	71.869			
10	.808	3.233	75.102			
11	.765	3.060	78.161			
12	.691	2.765	80.927			
13	.630	2.520	83.447			
14	.587	2.346	85.793			
15	.512	2.050	87.843			
16	.462	1.849	89.692			
17	.423	1.694	91.386			
18	.394	1.578	92.964			
19	.382	1.526	94.490			
20	.327	1.309	95.799			
21	.295	1.179	96.978			
22	.237	.949	97.927			
23	.224	.894	98.821			
24	.183	.734	99.555			
25	.111	.445	100.000			

Extraction Method: Principal Component Analysis.

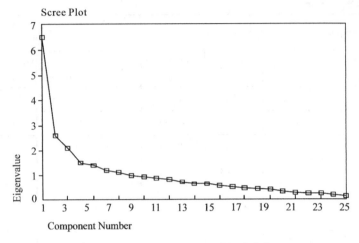

表 5-16　Rotated Component Matrix(a)

	Component						
	1	2	3	4	5	6	7
东道国市场销售额	0.804						
东道国市场赢利性	0.803						
东道国市场容量	0.796						
东道国法律	0.771						
东道国文化与企业文化	0.757						
东道国市场中反应能力	0.707						
东道国政策	0.678						
东道国资本自由度	0.646						
产品研发		0.742					
产品生命周期		0.722					
产品价格		0.569					
产品质量		0.494					
国际性商会和行会			0.771				

续表 5-16

	Component						
	1	2	3	4	5	6	7
汇率稳定性			0.633				
全球经济形势			0.632				
领导素质				0.735			
领导者国际化视野				0.646			
公司治理结构					0.763		
公司激励机制					0.754		
国际化 HR					0.672		
国内市场竞争程度						0.721	
国内市场金融发达程度						0.56	
本国政府政策支持							0.699
公司学习能力							0.651

Extraction Method: Principal Component Analysis. Rotation Method: Varimax with Kaiser Normalization.

a Rotation converged in 8 iterations.

从表 5-16 所示结果来看,较为理想。

在研究结果的可信度方面,通过对量表项目进行内部一致性检验,得出 a 系数＝0.8746(详细数据见附录 5),说明本量表的内部一致性相当好,研究结果是可信的。

R E L I A B I L I T Y A N A L Y S I S － S C A L E (A L P H A)

Reliability Coefficients

N of Cases＝135.0　　　　　N of Items＝25

Alpha＝.8746

分别将表 5-16 中的因子 1 命名为"东道国环境因素",因子 2 命名为"产品实力因素",因子 3 命名为"全球经济环境因素",因子 4 命名"公司领导者因素",因子 5 命名为"人力资源资本化因素",因子 6 命名为"本国市场因素",因子 7 命名为"本国政策及公司学习能力因素"。

5.5.4 中小企业国际化经营的影响因素实证研究结论

经过预试、以及正式研究中的两次因素分析以及单因素方差分析,删除 1 个项目后形成结构较为理想的包含 24 个项目的七因素结构。

从总方差解释量来看,东道国环境因素的方差解释量最大,说明,该因素对中小企业国际化经营的重要性程度很大。东道国的环境因素需要得到中小企业的决策者和管理者的普遍重视。

通过实证分析、案例分析以及专家咨询,本文认为,本研究所获得的七因素结构基本能代表影响我国中小企业国际化经营方式选择的诸多因素。七因素结构具有普遍意义。在此基础上,可以对我国中小企业国际化经营的方式选择进行分析。

第6章 影响我国民营中小企业国际化经营的因素的解析

从以上实证研究所得出的七因素结构来看,依据企业的内外环境要素,可将中小企业国际化经营的影响因素分为内部因素和外部因素。

影响中小企业国际化经营的外部因素包括:

• 东道国环境因素(主要包括经济环境、技术环境、文化环境、政治环境、市场环境等因素)

• 本国市场因素(国内市场竞争环境、国内金融市场环境等因素)

• 全球经济环境因素(全球经济现状与预期、汇率稳定性等)

• 文化因素:(本国文化、东道国文化、公司文化、董事会文化等因素)

影响中小企业国际化经营的内部因素包括:

• 产品实力因素(包括产品性能等因素)

• 领导者因素(领导者素质、领导者国际化视野等因素)

• 人力资源因素(人力资源状况,企业分配制度,组织学习能力等因素)

• 中小企业信息化管理水平因素(包括电子商务等因素)

6.1 外部影响因素分析

6.1.1 东道国环境因素

东道国的市场环境主要包括一般环境,如经济环境、技术环境、文化环境、政治环境等,以及产品的国外市场特征。

6.1.1.1　经济环境

一般情况下,经济环境可以从两个不同角度看待经济环境:宏观角度和微观角度。从宏观的角度看,人们的需要、需求及国家的经济政策决定了市场空间和经济前景;微观角度则关注公司的市场竞争力。由于人口的差异,不同国家呈现出不同的市场潜力。但对特定的公司而言,"潜力"并不意味着实际机会。经济落后的国家,人们生活水平也不太可能太高,许多被工业化国家普通民众视为普通的商品和服务,在经济落后国家被看作是奢侈品,只被精英人士拥有。并且,对于这些商品和服务来说,即使存在市场,由于现在公司和潜在公司的竞争,新公司想涉足将非常困难。东道国的经济环境,很大程度上决定了一家公司在该国的市场机会。

我国民营中小企业要想有效实施国际化经营,就必须通过各种途径搜集相应的信息来了解和掌握各个国家在市场环境、运行制度、文化、政治等方面的差异,及时把握影响国际化经营的国外市场条件和对市场行为有决定性影响的目标市场的经济环境状况,为中小企业分析顾客需求来细分市场提供依据,以拓宽中小企业整合资源的选择面,及时调整国际化经营的战略。

6.1.1.2　技术环境

技术环境是指中小企业所处的东道国市场中,生产相关产品的生产技术水平、生产产品的生产要素中知识即科技要素所占的比重、以及相关规定。科学技术的发展既给中小企业提供了有利的发展机会,也带来一定的威胁。我国中小企业应该密切关注信息技术、新材料技术、新能源技术、电子技术、生物工程技术等科学技术的发展动向,尽可能地进行技术改造和技术创新。争取在国际化经营中取得生产产品及技术对产品的边际利润贡献相对较大的技术竞争优势。

我国民营中小企业多以初级产品和附加值很低的产品出口,这与我国经济发展整体水平较低是一致的。从亚太地区和欧美国家的经验看,政府对中小企业的技术扶持是十分必要的。亚洲的许多国家和地区以及欧美国家均建有生产力促进机构,帮助中小企业技术创新,提高技术水平,已成为一种普遍趋势。我国在鼓励中小企业技术创新方面已经做了大量的工作,但是我国民营中小企业的科技创新能力相对于欧美等发达国家同类企业还有着明显的差距。

6.1.1.3　文化环境

文化是一个由社会所需要的知识、信仰、艺术、道德、法律、风俗、以及其他能力和习惯等构成的复杂整体。[①] 文化环境始终影响着企业的市场经营行为,我国民营中小企业的国际化经营决不能忽视东道国市场的社会文化环境,如潜在消费者的社会交往特征、语言、艺术、生活方式、社会习俗、法律法规、宗教信仰、价值观念、社会行为规范、道德伦理、消费者心理等。这些因素对于能否接受外来文化、外来产品和外来消费习惯都起着重要作用。

6.1.1.4　政治环境因素

政治环境因素主要指两个方面,即中小企业所处的国内和国外政治环境因素。

政治环境因素中的国外部分具体是指国家政治及社会、民族、宗教等力量的组成及其架构、政局稳定性、以及政府对经济的干预度、政府机构的组成、办事程序和办事效率等。东道国的政治冲突、宗教民族矛盾激化、极端势力的暴力活动、劳资关系紧张等,常常造成境外企业的损失。东道国政府或某些社会团体可能制定并采取对我国中小企业不利的调控市场行为的政策和行动,尤其是针对我国中小企业的各国反倾销行为,这些因素常常影响、制约着中小企业的国际化经营行为。

在全球范围内进行经营活动,势必要考虑到面对国际经营环境中可能出现的各种风险,尤其是政治风险。因为国家从来都不是一个简单的个体,它是一个辽阔的、各种利益相互角斗而又相互结盟的大竞技场。一个国家的经济、政治政策的制定充满变数,而国家利益是制定任何政策的根本。因此,我国中小企业实施国际化经营

---

① 　Edaward B. Tylor,Primitive Culture (London:John Murray,1871),P. 1.

战略，必须对东道国的政治环境进行评估并据此进行风险预测。

关于国内的政治环境，自 1991 年以来，我国已经制定并出台了一系列拟促进我国中小企业发展的相关政策和措施，在鼓励民营中小企业发展，特别是科技型和外向型中小企业的发展做出了巨大的努力。但与 WTO 以及世界经济一体化进程的客观要求相比，我国在完善中小企业的政治环境方面尚有许多急需改进和创新的地方。已有的一些政策、规定，在特定的历史时期曾经发挥过一定的作用，但是现在很多已经变成了中小企业实施国际化经营的束缚。所以，国家及政府相关部门，有必要认真研究如何才能制定有利于中小企业的国际化经营政策。

从发达国家的经验看，政策扶持是十分必要的。例如，日本在二战后制定了一系列旨在促进中小企业发展的法规，如《中小企业基本法》、《中小企业指导法》、《中小企业现代化资金储存法》、《中小企业团体组织法》、《小规模企业互助法》等，并公布了《中小企业白皮书》，创建了海外投资咨询机构。美国在 20 世纪 80 年代以来相继出台了《社会均等法》、《小企业经济政策法》，《小企业技术创新开发法》，《扩大中小企业输出法》、《制度缓和法》(减少小企业税赋)，《加强小企业研究和发展法》。通过对比发达国家中小企业发展的历程可以发现，我国在这方面起步较晚，这与我国的社会与经济发展阶段是密切相关的。2002 年 6 月全国人大通过了《中华人民共和国中小企业促进法》，该法从资金支持、创业扶持、技术创新、市场开拓及社会服务等五个方面，为促进中小企业的发展提供了法律保障。2005 年 2 月国务院出台了《国务院关于鼓励支持和引导个体私营等非公有制经济发展的若干意见》(简称"非公经济 36 条")，"非公经济 36 条"是新中国成立以来首部以促进非公有制经济发展为主题的中央政府文件。但是相比较于发达国家而言，在营造鼓励中小企业发展的政治环境方面我国还有很大的差距。

6.1.1.5 关税和其它国际化经营障碍

1. 关税

关税(Tariff)是指货物经过一国关境时征收的税收。关税通常可分为:(1)从价税:按进出口货物的价值征收一定百分比的税收;(2)从量税:对进出口货物按计量单位征收定量的税收;(3)混合税(复合税):将从价税和从量税混合使用。各国海关在征收关税时方法各有差异,一般以征收从价税为主。关税和非关税措施是衡量一个国家市场开放度的主要标志。

了解东道国对相关产品的关税和其他贸易壁垒情况,有利于我国民营中小企业在实施国际化经营过程中,有的放矢地选择目标市场。在关贸总协定中,各成员国之间的关税征收差别很大,高关税常见于发展中国家,发达国家的进口关税平均水平较低。自世贸组织协议实施以来,欧盟对将近1/4的进口产品免征关税,约40%的进口产品的关税低于5%,对极少部分的进口产品征收25%以上的关税。美国对80%的进口产品都实行免税,近3%的进口产品的关税高于10%。高关税常常会存在于一国不再生产的产品项目上,如某些手表部件的关税高达150%。但发达国家对纺织品、服装等轻工业品的贸易保护还非常强。在这一个问题上,各级政府部门有必要绘制出一个各国、各地区、各种不同产品的关税图以供中小企业在制定国际化经营战略时参考。

2. 非关税壁垒

所谓非关税壁垒,是指在关贸总协定推动下,关税壁垒的作用日渐弱化时,许多国家采用关税以外的各种手段限制进口,保护本国产业。其主要措施有:直接限制进口数量和金额,政府直接参与进口经营、外汇管制、规定进口商品的技术标准和卫生检疫标准等。

随着各国的民族主义意识、环境保护意识的加强、消费者的成熟度不断提高、人类安全健康意识、以及科学技术的进步,出现了以技术壁垒、绿色壁垒和社会意识差异带来的各种壁垒。这些非关税壁垒已成为阻碍国际商品自由流动的新型非关税壁垒,影响力更大。安全方面,有德国的《防爆器材法》,美国的《冷冻设备安全法》、《联邦烈性毒物法》和《控制放射性物质的健康与安全法》,日本的《劳动安全与健康法》、《氧气瓶生产检验法》;卫生标准方面有乌拉圭的《实施卫生与植物卫生措施协议》;环境方面,国际上已签订的多边环境协议达 150 多个。在国际营销中,有许多对我国民营中小企业来说是不可控制的因素,对政府而言却完全可以被控制和利用。政府可通过对可控因素的调节组合,为企业在国际营销中营造有利的环境。我国民营中小企业作为独立的经营主体参与国际市场竞争的时间不长,无论是经济实力还是市场经验都远不及发达国家的跨国企业集团,他们在非关税壁垒面前往往束手无策。在这种情况下,更需要政府同企业一起协调行动,才能确保企业顺利的突破非关税壁垒的阻碍。因此,我国的民营中小企业,要想突破新的壁垒,难度很大,我国政府有必要引导并支持中小企业突破这些壁垒。

6.1.2 本国市场因素

6.1.2.1 国内金融及资本市场发达程度

民营中小企业发展过程中的资金瓶颈成为困扰大部分企业的重要因素,尤其是对于国际化经营的民营中小企业,因此,本国金融市场的发达程度成为影响我国民营中小企业国际化经营的一个重要的因素。除了引导金融机构扩大对中小企业的信贷投入和金融创新外,有必要完善直接融资体系,建立公正开放、立体化、多层次的资本市场,为中小企业融资创造条件。一般来说,中小企业在开展国际化经营时对金融的需求主要表现在以下几个方面。

融资需求:中小企业希望银行能缓解自身资金短缺的窘境,增强竞争实力。

结算需求:希望金融机构为企业的结算、汇兑、转帐提供最大限度的方便,并尽可能为企业提供银行承兑汇票和票据贴现等业务。

中介需求:要求金融机构能充分利用自身的资金、信誉等方面优势,为企业在生产、销售等环节提供力所能及的帮助。

然而,目前我国金融机构对中小企业的国际化经营过程所需要的金融支持普遍不重视,使得许多中小企业难以有效开展国际化经营。由于中小企业自身存在着规模小、经营风险大、资信能力低、财务制度不健全、可抵押物品少、难以找到合适的保证人等问题,同时相关的法律制度又不健全,使得我国境内的各商业银行纷纷以此为理由,对中小企业另类相看。为此,目前需要积极引导金融机构既要看到中小企业在经济发展中不可替代的作用,运用信贷手段积极支持其发展,又要根据中小企业的特点和金融服务原则,积极改进对中小企业的金融服务。

在中国,随着中小企业和非公经济的发展,应尽快完善我国资本市场结构,逐步建立多层次的资本市场,在为大型企业服务的同时,加大对中小企业的直接融资服务的力度。首先应建立与《中小企业促进法》相配套的法规。《中小企业促进法》第16条规定:"国家采取措施拓宽中小企业的直接融资渠道,积极引导中小企业创造条件,通过法律、行政法规允许的各种方式直接融资。"第17条规定:"国家通过税收政策鼓励各类依法设立的风险投资机构增加对中小企业的投资。"这些规定为建立我国资本市场对中小企业提供直接融资的市场体系奠定了法律基础。为了把这些原则规定落到实处,有必要进一步制定和颁布相关的实施细则,开拓思路,积极建立为中小企业提供金融服务的资本市场体系。为促进我国民营中小企业发展,解决民营中小企业融资难的问题,可以考虑从以下方面着手。

1. 建立中小企业直接融资的新市场

目前的情况是:已有1200多家公司进入上市辅导期,几百家在排队等待审批,200多家审批过关企业等待上市,但新股发行只有上交所一个通道,而券商又受到证监会授理发行"通道"额度限制,在经济收入的诱惑下不愿保荐中小企业,迫切需要建立为中小企业服务的证券市场。可考虑将5000万股以下具有成长性及科技含量的企业集中在深交所发行上市,在不改变现有法规和市场规则的前提下,作为深圳现有市场的一个板块单独监控、独立运作。在条件成熟时,考虑适当提高此类上市企业的流通股比例,逐步实现股份全流通。这应该是一个面向中小企业的市场,与原来的创业板的概念不完全相同。

对于中小企业上市可能存在的风险,因为法律制度、办法都没有变,只是在上市申请排队中的中小企业转到深交所,不存在新的风险。至于针对中小企业的风险,可以通过比较合理的措施和适当的制度来加以防范和化解。具体而言,这些措施和制度包括:中小企业上市要以建立健全内控制度、约束机制、公司治理结构为前提;要设立合理的发行、交易、信息披露等相关制度;建立严格的、市场化的退出机制,实现优胜劣汰;加重保荐人和中介机构的连带责任制度;适当限制发起人和管理层的股权流通。

2.尽快推出创业板

创业板已经研究了相当长的时间,具体方案、办法、法律和规章制度都已做了充分的准备。但是,由于国外创业板市场表现不佳,以及国内主板市场存在一些问题,导致创业板迟迟不能推出。创业板市场是解决中小企业特别是高新技术企业融资的关键,也是风险投资的有效退出途径,中国大量的中小企业迫切需要资本市场提供融资和推进技术转化的平台。我国创业板市场的设立,不可能等到各种外部条件都完全具备并且彻底没有风险的时候再推出,应该在总结国外经验教训的基础上,大胆探索,提高标准,积极推进,尽早设立创业板。

3.认真办好三板市场

有一种看法,我国目前的股份代办转让系统(俗称"三板市场")不应局限于"回收站"的功能,还应成为将要上市的公司的"摇篮",培育有良好发展前景的中小企业,发挥"孵化器"的功能。这是值得研究的课题。

4.积极发展产权交易市场

近几年新兴的产权交易市场越来越多地被认为是一种初级形态的资本市场,已成为风险投资服务体系中的重要环节。产权交易市场的建设,应纳入多层次资本市场的规划之中,该市场可以成为为中小企业提供金融服务的渠道。重要的界限是不能进入证券交易。

对大量达不到交易所上市要求的企业,其融资和资本流动可以通过产权交易市场进行,特别是对于中小企业、高新技术企业,可以通过技术项目转让和产权交易,促进其发展壮大。产权交易市场同时还可以发展成为企业兼并、收购的渠道。

5.利用创业投资和风险投资,促进中小企业发展

发展创业投资和风险投资基金是解决中小企业尤其是高新技术企业融资难题的重要途径之一。近几年来,我国沿海一些发达省市相继建立了规模不等的高科技产业投资基金,成为推动科技成果转化为生产力的一种方式,发挥了积极作用。与发达国家相比,我国的创业投资尚处于起步阶段。因此,应大胆借鉴美国等发达国家成功的经验,鼓励设立按市场化规范运行、主要投资中小企业的风险投资基金和创业基金,多渠道、多形式扩大中小企业直接融资的范围。

6.1.2.2　国内市场竞争状况

从 20 世纪 90 年代中期开始,我国的经济由短缺经济转向过剩经济,大量的生产能力过剩,不少产品出现积压。在这种形势下,中小企业一方面要积极研究国内市场,开发新的产品,创造和引导需求,另一方面,则有必要把视点转向国外,寻找国外市场。同时,当前我国中小企业面临的困境要求企业必须进行技术创新、产品创新、制度创新。在这方面,除自身努力外,必须引进国外的先进技术和管理经验。

特别是在我国加入 WTO 以后,我国市场与国际市场接轨,我国中小企业的竞争态势从国内企业间的国内市场竞争转变为与国外企业在世界经济的大舞台上展开更直接、更全面、更激烈的竞争,这是严峻的挑战。世界跨国公司在其全球战略的指导下,大规模地在华进行直接投资,特别是以抢占中国市场为目的的直接投资,对我国企业形成了巨大的冲击和战。由于跨国公司的进入,使得在我国市场上既有国内企业之间的竞争、国内企业与外商投资企业之间的竞争,还有在华投资的外国企业之间的竞争。我国企业已经完全被卷入到国际市场竞争之中,即使不出国门也要面对来世界各国包括世界著名跨国公司的竞争。面临这样一个严峻的经营环境,国内企

业尤其是中小企业只有放手一搏，勇敢地走国际化经营之路，在全球围内最有效地利用各种资源，才能不断提升自己的竞争能力，在竞争中求生存和发展。

当然，加入 WTO 后，我国也可以享受多边的、无条件的、稳定的最惠国待遇。这有利于中小企业借助全球性产业结构调整的良机，全方位地开拓国际市场，扩大对外贸易，参与国际分工，在国际上争取更大的合作空间。

6.1.3 全球经济环境因素

6.1.3.1 全球经济环境与预期

经济全球化（Economic Globalization）是当今世界经济发展不可回避的潮流，是社会生产力及科学技术发展的客观要求和必然结果。根据国际货币基金组织（IMF）的定义，经济全球化是指"跨国商品与服务及国际资本流动规模的增加，以及技术的广泛传播使世界各国经济的相互依赖性增强。"综观目前关于经济全球化的研究，经济全球化的特征可概括为以下四个方面，即贸易全球化、生产全球化、金融全球化及游戏规则全球化。

经济全球化为各国企业在更广的范围内利用国际市场空间和更深层次上配置经济资源提供了机遇。随着经济全球化趋势的加强，企业间竞争国际化倾向日趋加深。越是参与国际竞争的企业，其市场机会和威胁就愈多，经受磨练和学习的机会也更多，相应地，其竞争力源泉及能力增强的机会亦越多。正如 WTO 首任总干事鲁杰罗所说："阻止全球化无异于想阻止地球自转。"对于那些还沉迷于本国国内市场，即使在本国环境中原本有很强的竞争力，一旦国际企业大量进入该国市场，其市场环境必将迅速发生根本性的改变，在不具备国际竞争优势的情形下，要维持其原有地位并持久生存和发展是非常困难甚至是根本不可能的。在经济全球化时代，一个仅在国内配置生产要素的企业，面对越来越多的在全球范围内配置生产要素的竞争者，其生存和发展的空间有不断缩小的趋势。

与此同时,我们还注意到随着经济全球化的发展,企业赢得竞争优势的途径也发生了深刻的变化。其中"经济全球化对企业结构的最大的影响就是价值链的大爆炸,或称解构"①,即在经济全球化条件下,大企业特别是国际化企业已不再将所有的链节都用股权方式控制在自己手中,而是采取"归核化"战略——将精力集中于战略性的核心链节,对非战略性链节则使之虚拟化。

经济全球化已经从根本上改变了企业的生存环境,唯有国际化企业才能生存,唯有国际化企业才能持续发展。中国 30 多年的改革开放过程可以说正好与经济全球化的发展同步,而经过 30 多年的改革开放,中国经济融入经济全球化的程度已日趋加快,其程度也逐步加深,对于这一背景下的中国企业,包括中国民营企业必须将自身尽快融入到经济全球化的进程之中,否则其是很难获得持久发展能力的。

6.1.3.2 国际金融市场汇率的稳定性

由于国际分工的存在,国与国之间贸易和金融往来便成为必然,并且成为促进本国经济发展的重要推动力。外汇汇率的波动,会给从事国际贸易者和投资者带来巨大的风险,这种风险称之为汇率风险。它表现在两个方面:贸易性汇率风险和金融性汇率风险。

在国际贸易活动中,商品和劳务的价格一般是用外汇或国际货币来计价。目前大约 70%的国家用美元来计价。但在实行浮动汇率制的今天,由于汇率的频繁波动,生产者和经营者在进行国际贸易活动时,就难以估算费用和盈利。由此产生的风险称之为贸易性风险。在国际金融市场上,借贷的都是外汇,如果借贷的外汇汇率上升,借款人就会遭受巨大损失,汇率的剧烈变化甚至可以吞噬大企业,外汇汇率的波动还直接影响一国外汇储备价值的增减,从而给各国央行在管理上带来巨大风险和国难。此种汇率风险称为金融性汇率风险。

由于我国外汇管制以及人民币在现阶段不能进行资本项目下

---

① 康荣平、柯银斌:《华人跨国公司J戊长论》国防大学出版社 2001 年版,第 84 页。

的可兑换,中小企业又不能利用各种金融工具来规避风险,因此,中小企业在实施国际化经营时,面临的因外汇变动而带来的风险往往是较大的,常常要承担由于支付货币的币值及汇率变动而导致的财务损失。当把企业的财务报表进行合并折算时,如果报告期内我国货币与东道国货币的汇率发生了变动,会导致帐面上的外汇增益或损失。如果海外子公司的东道国货币相对人民币贬值,无疑将减少我国商品在当地市场的竞争能力,这种汇率的变动对公司的经营可能会造成财务状况的不利变化。

根据中国人民银行授权中国外汇交易中心 4 月 10 日公布的最新数据,银行间外汇市场人民币对美元汇率中间价首度"破7",为 6.992 元人民币兑 1 美元。人民币对美元汇率中间价创出新高。以 2005 年汇改前的人民币对美元比价 8.2765:1 计算,目前人民币对美元累计升值超过 18%。人民币的快速升值给开展国际化经营的民营中小企业带来了巨大的风险。

以上情况虽然可以通过期货、套期保值等金融衍生工具可进行防范,但是金融衍生工具本身存在流动性风险、作业风险和法律风险等又转嫁到中小企业身上。而且我国的金融、资本市场尚不完善,国内民营中小企业缺乏国际化金融人才,以至于不能较好地应用金融工具,这些都表明了我国中小企业抗外汇波动的能力不足。

6.1.3.3　国际性商会和行会

商会本质上应该是介于政府和企业之间的中介性组织,是以工商界为中心,由工商业者组成,以为工商业自身利益服务为目的,同时具有能代表其成员与国内组织(包括政府)和国际组织交涉能力的非营利性组织。

商会不是行政的延伸,更不是政府的附庸,而是以独立自主开展活动为原则,采取自下而上的机制自发形成。它在国际竞争中扮演着重要的角色,不仅具有弥补市场失灵的作用,还具有重要的桥梁、纽带作用,是吸引民间投资、搞活民间招商的重要力量。

商会的存在能有效地降低国际化经营活动中的交易成本。科斯(1937)在考察企业存在的理由时发现,交易过程需要当事人投入时间和精力,支付信息费用和其他开支,所以通过市场达成交易是要付出代价的,这个代价就是交易成本。另外,迪屈奇把交易成本定义为三个因素:调查的信息成本、谈判和决策成本以及制定的实施政策的成本。组织的作用正是在于改变市场上的主动性和利用市场的能力,内生化交易成本以降低交易成本。

商会作为企业联合构成的组织同样可以像企业一样降低单个企业进行市场交易的成本。商会应该在以下几个方面发挥降低交易成本的作用:激励方面,应注重强调中小企业间的合作;控制方面,应解决各中小企业国际化过程中制度上和激励上的差异;处理交易双方的争议方面,在不同企业利益之间进行平衡;信息方面,应组织并帮助各企业搜集有关国际化的各方面信息,并促成信息共享;营造各企业间准道德的气氛方面,应制订一定范围内的行业规范。

中小企业在国际化过程中,受企业规模的限制,很难独立应对种种困难。解决这些困难是中小企业需要商会的重要原因,同时也为商会建设和发挥作用提出了具体要求。

商会对于中小企业的国际化经营的作用主要体现在以下两个方面。

1. 内部作用

商会在中小企业对内的主要作用应致力于促进形成中小企业的核心竞争力,通过有序竞争,形成相应特定产业的竞争力,集体性地在国际市场上参与竞争。

• 开展国际交流、拓展国际市场

商会应利用自身的组织规模效应,集中对国内外交易方进行广告、宣传,吸引国外需求方到国内相关行业进行采购。组织开展各类进出口中小企业相关产业的展览会,不仅是为参展商提供必要的设施和服务,而且最主要的是以同业商会的特殊地位为各展商和客户提供必要的质量、信誉保障。

• 为中小企业提供进出口贸易方面的信息和服务

举办各种讲座、研讨会、培训班使企业成员有关进出口贸易的知识不断更新；组织中小企业内相关人员与国际相关领域进行技术交流学习、组织成员到国外先进机构进行实际的管理模式、合作技术的交流学习，缩减与国际先进领域的差距；提供信息，为企业牵线搭桥，增加成员进出口交易；促进中小企业有关进出口贸易信息的交流，互通有无。

• 整合进出口中小企业，形成强大的国际竞争力

从企业层面来看，商会可以推行客户资源共享制度，客户前来订货时由商会负责接待，并带领其逐户到各会员企业考察。提供中介服务作用，促进产业内交易，从而提高产业组织化程度，形成国内特定产业整体的国际竞争力。

• 加强进出口中小企业的内部协调

制定行业标准、协调市场、协调价格、规范用人制度、规范市场秩序，避免或解决各商会组织之间、商会内部成员之间在竞争过程中的利益冲突，防止我国的中小企业在国际市场上通过价格战相互打压，削弱整个产业在国际市场上的竞争力。

• 协调进出口中小企业与政府间的关系

一是推进政府部门制订能够促进中小企业进行进出口贸易的行业政策、法规；二是能帮助政府制订行业标准，在强化国际贸易产品质量和专利保护中作大量工作。

2. 外部作用

商会在促进中小企业发展过程中的外部作用主要表现为带领各产业内中小企业应对各种贸易壁垒；中小企业面临来自其他国家的贸易诉讼时，商会应该发挥其半官方半民间组织的优势，及时组织行业内中小企业搜集各方面有关信息，积极应诉，提出申辩的各种证据，维护产业利益；同时通过各种渠道，争取国家政府的相应支持和社会各界的援助。通过全社会的共同努力，维护中小企业国际化过程中的利益。

6.2　内部影响因素分析

内部影响因素包括:产品实力因素、领导者因素、人力资源资因素、信息化管理水平因素。

6.2.1　产品实力因素

6.2.1.1　产品质量与核心技术因素

国际贸易中技术壁垒最突出的是质量与标准体系。据有关资料,自 20 世纪 80 年代以来,美、英、德等发达国家利用国际标准已达 80% 以上,日本有 25 种质量与标准论证体系,欧共体内部已有 9 种统一论证体系。未来国际贸易已是质量与品牌的竞争,打破国际贸易技术壁垒的关键在于尽快提升企业质量经营战略新理念。应对国际贸易技术壁垒,实施全球化质量经营战略,首要的就是要提升质量经营战略理念,以质量经营打破技术壁垒。一方面,质量必须要达到国际技术标准新要求,取得国际权威技术论证和进口国特殊技术许可。另一方面,则要强化满意度质量意识,即努力使产品与服务达到进口方国家、消费者、经营代理者与社会等方面的认可,提高企业国际化经营的满意度。

突破国际贸易技术壁垒障碍,亟待强化全球化"递进质量"创新。发达国家采取技术壁垒的贸易保护措施,其核心就是要把落后企业与产品排斥在国门之外。与其相比,我国企业技术水平相对落后,这就增加了突破国际贸易技术壁垒障碍的难度。如果我们采取"递进质量"创新的质量经营战略,就可以受到良好的效果。

所谓"递进质量"创新,是指企业为最终突破技术壁垒而制定的质量创新与战略目标,促使质量与标准化不断向前滚动运行,实现产品质量与标准的连续升级升档,最终达到国际技术标准要求的指导方针和创新行为。这是以全面的、动态的、发展的、联系的目光来看待和处理质量技术国际贸易问题,使之从今天的质量技术向明天的质量技术发展，从国际化标准质量向特殊化、个性化标准质量创新发展，从达标论证式标准质量向顾客满意标准质量需求方向发展。

绕过国际贸易技术壁垒限制亟待建立全球化"质量生态体系"。加入WTO国内市场将更加开放，国际市场一体化程度进一步提高，国际间贸易距离变短，经济技术交流的国界变得日益模糊。我们需要认识和运用国际贸易与技术交流间分工和合作日益增强的发展趋势，建立起全球化"质量生态体系"，绕过国际贸易技术壁垒种种限制。

从绕过国际贸易技术壁垒看，建立企业"质量生态体系"更利于共同开拓国际市场。美国有关法律规定，一件产品中有50%以上部件由美国制造，那么这件产品就可视为美国产品，不受美国进口及技术壁垒的限制。为此，日本的一些企业研究美国这一法律法规后，采取发展美国合作伙伴的策略，由日本企业控制质量，主要产品部件由美国企业生产，结果美国政府有关方面明知被日本企业钻了空子也无法用技术壁垒限制进口。时下，在国际经营中，任何企业都是市场复杂系统中一个参与者，企业无论是要扩大市场占有能力，还是开发新的市场，都必须与其它企业携手，集中有效资源，创造出消费者可以实际使用的新价值产品，加速提升科技与质量。因此，我们必须着力建设和培育企业全球化"质量生态系统"，以更加有效地避开技术壁垒。

增强国际贸易技术壁垒适应能力，亟待把握全球化质量经营核心。国际贸易技术壁垒问题说到底是知识创新的问题，高新技术及其创新产品都将不在技术壁垒之列。增强国际贸易技术壁垒适应能力，关键在于加快企业技术创新，不断提高全球化质量经营水平，其核心是创造知识的人才。

世界知名企业看到，全球化质量经营的紧迫任务是大力提高人的素质，全力开发"智能"资本，从人才与知识培养上获取质量与技术提升效益，进而走出技术壁垒的困扰。近年来，我国春兰公司实施高科技兴企与全球化质量经营战略，春兰空调器、摩托车、汽车等规模销售产品以及超薄洗衣机、无氟冰箱等创新产品均一直市场俏销，企业的整条生产线出口国外，成功地实现了经营国际化。春兰通过企业"智能资本"的最佳组合，建立了企业科技研究院、挂靠博士后工作站的"金字塔"型科研机构，集中一大批国内外优秀科技人才，从事企业基础性、长远性的市场领先产品方向研究和尖端技术开发，跟踪世界上最先进的技术，重点研究开发 5—10 年后的市场前瞻产品。从而，确保质量经营不断创新，提高高新科技产品在国际市场的占有量和高效益。

在科技飞速发展的今天，对中小企业而言，技术无疑是影响其国际化经营的一个重要因素。具体而言，技术对我国中小企业的经营有两个重要的作用：一是技术可以创造需求，创造市场；二是技术可以降低成本，提高产品质量，增强企业的竞争力。

6.2.1.2 企业品牌

产品的质量、成本、价格与企业文化、消费者忠诚度、企业的社会认同等要素一起构成企业的品牌。在过去相当长的时间里，我国大部分企业仅仅在国内市场环境中运作并建立自己品牌，但是，随着企业市场边界的不断拓展，直接向全球市场扩张的时候，原有在国内建立起来的品牌极有可能因为市场容量的放大，多元文化的融合与冲击，竞争力量的对比发生急剧变化而失去原有的竞争力。从规模、产品质量、企业品牌的国际化认同程度讲，我国中小企业都缺乏明显的参与国际化竞争的优势。因此，企业品牌是影响我国中小企业国际化经营的重要因素之一。在打造中小企业国际化经营过程中的企业品牌时，品牌作为企业代表性的符号，往往是有其文化内涵的。

由于不同产品所隐含下的品牌在不同的文化板块中会衍生出不同的意义，因此，中小企业要始终注意民族的文化内涵与目标市场文化的融通性问题，据此来打造品牌。要注意当品牌流通到其他文化板块之中的市场时，可能发生的企业品牌在某一个文化板块中所带来的负面性的影响，这对实施国际化经营十分重要。国内中小企业往往缺乏清晰的市场定位，没有长期规划制定品牌的策略，对国际目标市场相关因素不能全面准确了解,再加上产品的地方性特征太明显,不利于实施国际化经营。近年来,一些中小企业已经懂得在竞争形势下,如何影响消费者对自身产品品牌的认同,并能利用价值导向建立和管理自身企业的品牌。中小企业应在建立质量保证体系的基础上,积极参与目标市场国家和地区对其相关产品的认证,在保证质量和售后服务以满足消费者需求的基础上,面向国际目标市场,对品牌与企业形象进行正确定位与全面系统的策划,在国际化经营过程中对品牌进行价值管理。

6.2.1.3 新产品的研发能力

中小企业的产品研发能力较差,决定中小企业的规避市场风险的能力相对较弱,面对竞争激烈的市场,虽然可以作出预测并采取相应的对策,但中小企业难以影响市场的竞争行为和竞争格局,只能是市场中有影响力的竞争者所决定的市场格局的被动接受者。这就决定了中小企业必然要承担着一定的风险。从产品的生命周期理论来看,企业要想在激烈的市场竞争中占据主动地位,就必须在产品研发和产品的生命周期如何与消费者的需求相结合上下功夫。因此,产品的研发能力和引导消费者的消费需求十分关键。

由于各种影响市场行为的因素的综合作用,使得市场竞争加剧,产品的生命周期越来越短,如果不能领先竞争者研发出能吸引消费者的产品,企业将在竞争中处于被动。因此,中小企业要想实施有竞争力的国际化经营战略,就要在提升新产品的研发能力上下功夫。提高新产品的研发能力,要从分析企业的生产技术入手。一是生产状况的分析,包括生产能力分析、生产设备状况分析、生产管理状况分析;二是技术状况分析,包括技术开发和产品开发创新的能力分析。

在我国,除了高科技中小企业外,大多数中小企业的技术状况不容乐观,低下的技术水平影响着我国中小企业的国际化经营。据有关调查统计,目前,我国大约有 60% 的中小企业仍然采用 20 世纪六七十年代的技术,30% 左右采用 80 年代的技术,只有 10% 采用 90 年代的先进技术。

中小企业的技术开发能力相对较弱。产品研究和市场开发是需要资本作后盾的,而且技术研究和开发的投入并不一定就能有可市场化的结果,出现不能获得预期的研究成果或虽有研究成果但却难以获得相应的市场回报的可能性较大。虽然政府投入了一定的资金来推进技术进步,但政府的资金投入是十分有限的,难以满足企业对技术创新的需求,企业要想在市场竞争中居于有利的地位,必须不断地加强对技术创新和技术进步的资金投入。中小企业由于自身实力较弱,缺乏足够的资金去支持技术开发和研究,而实施国际化经营需要大量的资金进行境外扩张、市场营销、广告宣传和售后服务工作,因此,中小企业的资金应付正常的经营都显得捉襟见肘,更不用说开展新产品研发。有鉴于此,我国政府有必要出台一些切实有利于中小企业国际化经营的政策,为中小企业解决实际问题,尤其是为中小企业解决融资难的问题。

6.2.1.4 产品的国外市场盈利能力

产品的国外市场盈利能力包括:市场营销因素、国外市场获利率、国外销售额比率。主要指目标市场的定位、目标市场的评价、营销策略的制订、国外市场营销管理成本与国外市场的净利润的比率、国外市场销售额占总销售额比率等几大因素。

6.2.2 人力资源因素

国际化人力资源资因素主要包括:国际化人力资源储备、人力资源本地化、人力资源资本化能力、人力资源管理模式、企业分配制度、组织学习能力等。

从对我国中小企业国际化经营影响因素的实证结果可以看出,人力资源的资本化能力的总方差解释量是相对较大的。这说明,该因素是影响中小企业国际化经营的最重要的一个因素。从企业的角度讲,目前我国许多民营中小企业已经对人力资源在国际化经营过程中的作用有了较为一致的认识,但企业内部不同职务、不同部门管理者对人力资源资本化问题的认识不尽一致。这可以解释,虽然许多中小企业表面上认同人力资源管理的重要性,但在实际管理活动中,又表现得可有可无;许多中小企业缺乏符合国际化经营战略目标需要的人力资源管理制度,或者是有完善的管理制度,却没有认真实施。因此,本研究将重点对这一因素进行分析。

影响我国民营中小企业国际化经营的人力资源因素包括许多方面,如人力资源本地化因素、企业分配制度、组织学习能力等。由于这些制约因素从一定程度讲是相互影响、互为因果的。因此,本研究将主要从人力资源的本地化、分配制度与激励机制、人力资源资本化等诸方面,分析国际化经营的人力资源因素。

6.2.2.1　国际化人力资源储备

企业国际化发展需要高素质的人才队伍,包括高级国际贸易人才、金融财会人才、科技人才、管理人才和法律人才。人力资源管理在某种程度上决定着企业的成败。国际化经营需要既懂业务和管理,又懂外语的人才。尽管经过几十年的改革开放,我国已经经培养出了一批可以从事国际化经营的专家和企业家队伍,以及一支人数可观的科技队伍,但总体而言,国内这种人才还不多,对中小企业而言,如何培养、吸引并留住这样的人才是国际化经营的关键。

我国中小企业首先应该在观念上和实践中高度重视人力资源。如今,员工和企业的关系是市场经济条件下的契约关系,企业和员工可以相互选择,企业可以淘汰不合适的员工,员工也可以选择离开企业。如果优秀人才流失,那就会对企业带来一定的负面影响。市场竞争归根到底就是人才的竞争,因此,中小企业为了进一步的国际化发展,必须在人力资源管理上狠下工夫,培育以人为本的企业文化,拓宽人才引进渠道,重视员工培训,健全激励机制,培养、吸引并留住优秀人才为企业服务。

首先,培育以人为本的企业文化,并倡导团队精神。在企业上下树立人是企业首要资源的观念,重视人才,尊重人才,把工作能力强、经营业绩突出、对企业忠诚的员工选拔到重要岗位,从而激发全体雇员努力工作的积极性和创造性。同时,还要注意在员工中提倡团队精神,鼓励员工团结协作、取长补短,把团队利益置于个人利益之上,鼓励大家为了共同完成企业目标自强不息、精诚合作。

其次，重视员工培训，内部挖潜。员工培训是提升企业员工素质的重要手段，也是中小企业国际化发展的基础。鉴于我国中小企业在培训方面的严重不足，管理层要特别注重自身的"充电"和全员培训，以适应国际化的要求。对于所有员工，企业都应该在不同阶段给予不同的培训，包括新进员工的上岗培训、不同岗位的在职培训等，同时鼓励员工进行各种继续教育，并在员工承诺服务期的前提下，为他们支付相关学费。比如，江苏省江阴市的江南模塑公司致力与培养内部人才的国际视野，最近，公司把四名优秀技术人员送到德国的大学读书，还设立了专项津贴，把外语水平的高低与员工的薪水挂钩，鼓励员工们利用业务时间学习外语。目前，该公司能讲英语、德语和日语的员工已不稀奇，有些员工甚至还会讲韩语等冷门语种。此外，培训的形式也应不拘一格，除了加强企业的内部培训力量，中小企业还可以请高等院校、科研机构和中介机构为企业提供相关培训，从而学习最新的知识、技术。对于企业国际经营管理人员和技术骨干，中小企业要重点培训，内容包括专业技能、国际商务知识、外语水平和团队精神等，甚至可以考虑把有潜力的年轻员工送到国外企业进行实习和培训。

第三，挖掘企业内部现有人才潜力的同时，必须拓宽人才引进渠道。中小企业可以通过各种人才招聘会、刊登广告、中介机构等形式，向社会公开招募企业所需的人才。对于一些重要岗位和特殊的专业技术人才，要不惜重金聘请，吸引更多优秀的人才。

加盟中小企业的海外分支机构还可以考虑招聘海外的当地人才为企业所用。这是因为当地人员熟悉当地的习俗、文化和语言，知道如何与当地的客户、中间商和政府打交道，便于企业在海外开展业务，而且容易树立当地企业的形象，易被当地公众所接受；加上外派人员的生活费用比较高，雇佣当地员工可能会降低成本。比如，宁波利时塑胶有限公司随着企业规模变大，想更上一层楼，在1999年产生了新思路：在国外设立分公司，聘用高素质的销售人员（在当地已有名气的销售人员），在美国市场成效显著。我国中小企业也可以考虑在海外招聘华裔专家、企业家和留学生，吸收他们从事一定的海外机构的管理工作,因为这些人比较了解中国文化,也熟悉东道国环境,有利于在开拓当地市场和与公司总部的沟通之间达到某种平衡。吸收国际化人才到中小企业的总部,也是当前"海归"潮的一个热点,这一方面是因为越来越多的中小企业正在探索国际化道路,对国际化人才的需求增大;另一方面,中小企业机制灵活,不仅在薪资待遇方而与跨国公司的差距不断缩小,而且还可兼顾他们的创业理想,从而吸引了国际化人才。

第四,健全激励机制,留住企业的优秀人才。中小企业在观念上需要破除平均主义思想,使员工的薪酬和岗位、业绩紧密结合,按员工的工作表现和业绩、对企业贡献的大小来决定员工的收入,从而调动其积极性。同时,由于相当一部分中小企业是家族企业,在国际化经营过程中要特别注意克服家族主义和任人唯亲的思想,竞争用才,把优秀人才提拔到重要岗位,这才真正有利于包括家族企业在内的中小企业的发展。对于企业高层管理人员和技术骨干等优秀人才,要注意薪酬福利留人和事业留人相结合。对优秀人才的薪酬福利激励上,不能仅靠高薪,还可以考虑股份、期权等能将他们的收入与企业发展状况联系起来的其他手段;同时,还要为他们营造良好的人才成长环境,最大限度地开发其才能,为他们提供实现自我的机会和舞台,使得他们的个人收入、自我实现的要求和企业的发展紧密结合,从而做到事业留人。

中小企业引入国际化人才的过程中也曾出现过合约期未满,引入的高端人才就辞职的现象,这有多方面的原因。有的中小企业中小企业国际化理论与实践研究是为了赶潮流而引进国际化人才,从而这对双方都没好处;有的中小企业对国际化人才的期望过高,以为"空降兵"就能迅速帮企业度过危机,殊不知人力资本的发挥需要团队协助才能发挥合力,而要形成这种合力,需要对不同的管理理念和方法进行融合,如果企业不能提供发挥合力的基础,"空降兵"也无能为力。这些问题需要中小企业慎重考虑。

中小企业的人才资源是其国际化发展的关键。在企业层面,除了上述各个环节,中小企业还应该建立一套国际经营人才需求预测,即在一定时期内需要多少各种人才,并制订出国际经营人才需求、培训规划。通过提前规划需要补充的人才类别和数量,针对性地作好日常人力资源管理工作。当然,这也需要社会的支持,比如,完善高校的教育,设立以培养企业国际经营人才为目标的专业,重点培养管理、技术、财会、销售、法律和外语方面的专门人才—;由政府部门出台一系列促进人才向中小企业流动的机制,鼓励高层次人才以各种灵活方式获取报酬,为高层次人才在中小企业发挥作用提供各种便利条件等。我国中小企业国际化发展中的人才瓶颈要靠中小企业自身和社会各界的共同努力加以解决。

6.2.2.2 人力资源配置的本地化

我国民营中小企业规模小、资金有限,不可能在许多地区都设置分支机构,即便设有分支机构,人手不足及人员素质较差都是很突出的问题。因此,国际化经营的中小企业人力资源管理应具有战略性,即公司只派少数高级管理人员,依靠聘请当地人才进行管理和经营,这样不但可以节省管理费用,还可以利用当地人的社会关系网络开展企业经营,促进新产品的设计、开发和推广;同时要充分利用几千万分布在世界各地的海外华人,他们是中国企业开展跨国经营的独有资源,共同的文化背景使人力资源管理容易进行;通过海外华人可借助散布海外各地的华商团体发挥其地域优势,协助中小企业顺利进行市场开发和产品推广;此外,海外华人在亲缘、地缘、业缘方面取得的信用内涵可大大减少中小国际化经营企业进一步发展的障碍,充分利用这一渠道既可减少成本费用,又能加快中小企业在海外的发展。

6.2.2.3 企业分配制度和激励机制

民营中小企业必须同时兼顾资方利益、员工利益,并以此作为企业的宗旨,这是企业开展国际化经营的根基。对员工而言,只有自身的权益在企业中得到体现和保障,才会对企业忠诚,才会从根本上意识到自身的绩效与企业的绩效是直接相关的,才能在心理和行动上与企业同甘共苦、荣辱与共;只有这样,企业才会有凝聚力;不然,只要企业经营出了困难、或出现了市场系统风险而企业又难以在短时间内解决,则员工就只有用脚来投票。

6.2.2.4 人力资源资本化

人力资源资本化是提升我国民营中小企业人力资源竞争力的重要途径。中小企业实施国际化经营战略所需要的竞争力归根结底是人力资源的有效获取、以及人力资源的资本化速度和效率。有效的人力资源管理将资本化的人力资源即人力资本视为组织的第一资源。人的因素永远是起决定性作用的因素。在我国民营中小企业国际化经营过程中,面对的不确定性因素太多,因此,必须以有效的人力资源战略来适应变化的需要。

1. 人力资本的概念

人力资本有别于货币资本,其根本就是人力资本的自身素质、能力的不断提高所带来的持续增值性和素质外化为能力进而提升绩效的主动性,它可以与各种形式的货币资本结合在一起形成企业的真正核心竞争力。因此,企业中所有人力资源与货币资本有效结合后,能为企业创造持续增量现金流的资本化了的人力资源都叫人力资本。尽快实现并维持人力资源的资本化是我国民营中小企业实施国际化经营所需核心竞争力的关键。人力资源越早转换为人力资本,则企业竞争的先导优势愈明显。

2. 人力资源竞争力的内涵及其定量表述

人力资源竞争力的高低是一个比较概念,也就是说在同行业内是可横向比较的。比较就需有量化指数,凡该指数值大于行业平均水平,则公司就具有一定竞争力;凡低于平均值,则企业竞争力将减弱。获取某一人力资源所需的投资(人力的获取成本)、人力的资本化成本与人力转化为资本所需的时间长短、资本化了的人力为企业创造增量现金流的多少、以及维持人力资本化这一过程所必然付出的成本等相互之间的关系,是企业人力资源竞争力的内涵。

处理好了上述因素之间的关系,人力资源才有可能成为核心竞争要素。基于这一观点,本研究引入以下公式用以表示人力资源的竞争力:

企业人力资源的竞争力指数=(公司总增量现金流+品牌的价

值)/(总的人力资源的获取成本＋总的人力的使用成本＋总的人力
资源资本化成本＋总的维持资本化的成本＋人力资本的其他管理
成本)　　　　　　　　　　　　　　　　　　　　　　　　　　(1)
(注:所有成本都是以一个会计期间为统计周期)

　　其中,公司总增量现金流是指公司所有以赢利为目的的活动的
直接结果表现为增量现金流。它是反映在公司现金流量表上的期
末与期初的现金流入与流出的差额的指标。为准确测量,一般应在
期末比较时,用CAPM资本资产定价模型或加权平均资本成本(债
务成本＋股权成本)来计算贴现率,然后对流入与流出现金进行同
期贴现比较。

　　企业的品牌价值:构成品牌的内涵至少应包含以下七个方面:
(1)公司战略;(2)资源拥有状况和价值链的整合能力,此处所指资
源是指能为企业带来可持续竞争能力的资源,用四大标准衡量——
富有价值(valuable)、模仿代价昂贵(costly to imitate)、不可替代
(unsubstitutable)、稀缺(rare);(3)规模效益;(4)产品组合的总盈利
能力和市场占有率及市场覆盖范围;(5)企业诚信的社会认同、企业
文化;(6)消费者对公司产品组合的忠诚度;(7)人力资源状况与公
司战略的匹配程度。

　　品牌价值在于品牌对总收益的影响力,该品牌给产品带来多少
附加值或溢价。当然,不是所有的附加值或溢价都是品牌带来的,
有些是由非品牌无形资产带来的,尤其是在公司初创期、成长期或
产品成熟期以前,品牌的作用注定难以显现出来而影响消费者行
为。而此阶段,产品的使用属性、技术含量、使消费者产生较高的性
价比感和市场培育的程度的高低才是关键,当然,这些因素实际上
经过较长时间的市场运作后再转换成消费者对产品的忠诚度,也从
属于品牌范围。因此,在比较或确定品牌价值时,要考虑公司的经
营年限和它的可持续竞争力因素。

　　获取成本:包括人力资源的规划成本、广告成本、组织结构优化
成本、职位分析成本、面试与甄选成本,也就是合适的人力资源进入
企业之前所发生的所有成本。

人力的使用成本:由于人力资源不会自动地成为资本,而且,不是所有人力都能转化为资本,人力必须与货币结合在一起才有可能成为资本,据此发生的费用为人力的使用成本。

资本化成本:人力资源的培训、开发、利用、薪酬、福利以及企业人力资源的咨询,管理等费用都属于人力资源资本化成本。由于不同职级员工的离职率对人力资源的资本化成本的放大作用不同,可以用同一职级的资本化过程所需成本的平均值占整个企业人力资源资本化所需平均成本的比值来调整,越高职级的员工离职所导致的资本化成本的放大作用越大,反之亦然。

据此,本研究提出以下资本化成本公式:

$$公司总的资本化成本 = \sum_{i=1}^{n} \frac{C_i}{(1-U_i)} W_i \qquad (2)$$

C_i:i 职级的资本化成本 U_i:i 职级的离职率

W_i:i 职级的单位职位资本化平均值占企业人力资本化平均成本的比值。

资本化的维持成本:简单地说,即较上一年度人力资源管理与开发过程中所用成本的超过部分,或者说增加值。它只指培训、开发费和薪酬等费用的增加量。人力资本的其他管理成本:因为员工除获得可量化的物质回报之外,还有享受因公司的品牌和社会认同所带来的精神满足,这应该说是员工在得到持续的不断增长的物质回报之外能提高员工对企业忠诚度的根本。由于企业为树立品牌并得到社会认同所付出的所有投资必然带来消费者对企业产品忠诚度的提升,因此,该部分投资的一定比例可计入人力资本的管理成本。

从表面看,上述公式(1)中,分母所列各项成本越高,则人力资源竞争力指数越低。若因此而片面降低必要的支出或忽视人力资源管理与开发的投入,那这种看法将是错误的。因为各项成本的付出都有一个最终的也是最直接的目的——增量现金流增加(表现为可持续竞争力)和品牌价值的提升。一般情况下,各项人力资本化成本的投入增加,会导致公式(1)的分子值成非线性关系倍数增大,由于受产品技术含量、企业类型、市场、组织生命周期、产品生命周期、规模等客观因素的影响,分子与分母二者之间的关系可能也会服从边际递增和递减规律。关于这一点,有待学者们进行深入研究。

通过以上对人力资源竞争力指数的分析,可知,人力资源的准确获取、使用、培训、激励、及员工忠诚度的建立、人力资源资本化的速度和效率的对企业保持可持续发展竞争力的极端重要性。人力资源的管理与开发,就是为了快速实现并保持人力资源的资本化进程,这是人力资源管理的根本目的之所在。由此,也不难理解人力资源是企业核心竞争力的基本内涵。

3.人力资源的资本化问题

人力资源的获取和转化成资本实际上是一个风险投资问题。就是说,任何企业都不可能将其从内、外部获取的人力资源百分之百地转化为人力资本。这包含三层含义:第一,不是所有的人力都能成为资本;第二,不是所有资本化了的人力都有可比较优势;第三,人力的资本化过程的长短和维持问题。

这里有两个问题需要指出:其一,怎样才能获取与企业相匹配的人力资源,什么样的人力资源才是适合本企业的人力资源,也就是要有一个正确有效识别人力资源的甄选办法;其二,企业需要明晰自己市场角色和定位、内部人力资源状况、具体部门、团队的人员素质、能力结构状况,据此再制订出需要招聘什么样的人选进入企业。只有这样,企业才能建立起正确有效地甄选适合本企业的人力资源,以减少判断失误,从源头上来解决人力资源的资本化问题,从而缩短人力资源资本化过程。此过程愈短,则人力资源管理愈有效。

鉴于上述基本判断,人力资源的资本化实际上就是以下三个方面的问题。第一,什么样的人力资源才是企业所需的问题。通过努力设置可实现的有竞争力的企业目标,以及在此基础上的人力资源的规划和有效的人员选聘任用机制,从源头上保证选用适合的人在适当的时间放在适合的位置上,以求人员的合理使用。第二,人力资源转化为人力资本的时间管理问题。即人力资源如何更快转化为人力资本的问题。人力资源资本化过程越快，则企业所表现出来的竞争力越强。第三，人力资源资本化后的继续维持问题，即如何以一种可比较的、有竞争力的、高效率的维持手段来保持人力资源的资本化进程。

为企业进行最为合理和有效的人力资源配备，通常是较为困难的。首先，要进行职位分析，明确工作性质、难易程度、责任大小以及任职资格等。也就是说，首先要解决为什么用人，用人干什么，用什么人才能干的问题。其次，对不同职级的员工或应聘者进行不同组合的测试，可用的测试方法有：在我国进行修订过的 Holland 职业兴趣测验，特斯朗职业兴趣调查表和梅洁的个人偏好量表，Allport 价值观量表，我国凌文轻教授所研制的 CPM 量表，胜任特征的结构化面试和评价中心法，关键行为事件法和因素分析等方法，当然，对企业高层管理者的聘用需要结合定性考察。

实际就是我们经常说的如何用好人，让其有用武之地，从而发挥他的能力。从本质看，任何一个员工要想不成为企业的负担，只有为企业带来可比较的（跟其他员工比或同一竞争市场的同一类企业的同一相关职位相比）利润才能说是企业的人力资本。但企业首先要做的就是投入，这个投入不仅仅是薪酬，更重要的是建立绩效合约制度，优化绩效管理，客观全面地评价、协调员工本人和员工之间、甚至是同一竞争市场的企业间相同职位的人力资源对报酬的公平感，给员工所必须的培训、根据员工对未来风险的判断、对领导行为的认同感、个人的成就动机、对组织的承诺类型、企业品牌的感召力等诸多方面实施差异化、人性化的管理，进而，提升员工对企业的诚信度和忠诚度。

在我国民营中小企业里，用参与式管理的方式让员工感知公司的目标并认识到自身在实现组织目标过程中的作用，并使员工判断出自身素质、能力与实现企业目标的要求之间的差异性，进而找出提升素质和能力的方向，根据不同员工的类型、素质、能力状况、成就动机、职位高低和工作环境来实施不同的领导方式，注意授权和集权的动态关系,应该是中小企业在实施国际化经营战略中,实现人力资源资本化的重要手段。

因此,我国大部分中小企业的家长式领导方式带有明显的局限性,要想满足国际化经营的客观需要,就必须改变原有的管理机制。

4.综合绩效管理

许多中小企业只注重员工个人的绩效管理,不注重组织和团队综合绩效。如果企业综合绩效较差,则个人绩效管理再好也没有多大效果。因此,必须要以企业综合绩效管理机制牵引员工绩效管理。在确定企业综合绩效管理办法时,要充分考虑我国民营中小企业在国际化经营过程中所面临的外部环境因素。外部环境因素的基本特征是顾客导向(Customer)、竞争(Competition)和变化(Change)。因此,在设定绩效指标时,必须以这三个特征为指导,同时注重财务指标。

因此,要建立一个四维度的评价体系,包括:财务维度(Financial perspective)、顾客维度(Customer perspective)、内部业务流程维度(Internal Business Proeesses perspective)和学习与成长维度,以从根本上解决绩效管理中的系统问题。这样做的原因在于:

• 国际化经营的不同阶段,财务目标不同

• 顾客满意度包含消费者对企业产品和服务质量的总体认同。质量是顾客对企业提供的产品所感知的优良程度。质量具有技术层面和情感层面双重含义

• 确定目标市场、弄清消费者的人口统计学特征及其消费心理、确定产品类型及使用属性、调整产品的使用属性、调整营销策略等,是中小企业在国际化经营中始终不变的主题

因此,在设定绩效评价指标时,要结合这些要素。将服务反应周期、人力成本、物力成本、售后服务成本等评价指标纳入营销体系之中。设置生产经营灵活性、生产周期、顾客需求反应时间、对顾客提供产品多样性、废品率、返工率等指标。

中小企业在国际化经营过程中需要不断学习与创新,企业学习的主体是企业员工,要将员工的学习纳入员工绩效管理体系中,以

提升员工满意程度、员工工作能力、员工的素质、企业的社会认同度、顾客的忠诚度、品牌知名度为员工绩效和企业综合绩效管理的方向。因此,要强调,中小企业在国际化经营过程中,就是要以企业综合绩效管理来牵引员工绩效管理。中小企业在开展国际化经营过程中,始终要以企业综合绩效评价指标来约束和管理员工的行为。

保证人力资源资本化必须面临两个棘手的问题:一是我国民营中小企业在国际化经营的不同阶段应该设置哪些绩效评价指标,二是如何设定各项指标的权重(指标体现了激励的方向,权重体现了重要性程度)。由于在不同阶段,企业的国际化经营的具体目标不一样,对员工的关键绩效指标的要求也就不尽相同。

本研究在结合企业的生命周期理论和产品生命周期理论的基础上,通过已经进行的对一些实施了国际化经营的民营中小企业所做的绩效管理课题研究结果,运用绩效管理的一般原理,最终得出以下结论:无论企业处在国际化经营何种阶段,绩效管理的目标之一的人力资源管理决策永远是必须的。随着国际化经营阶段及程度不断提升,绩效管理的目标重点逐渐转移到检查战略目标制订的有效性方面。总之,员工绩效管理不能一承不变,要随着企业战略目标的目标调整而变。这样,绩效管理的作用才能够凸显出来。

6.2.3　领导者因素

6.2.3.1　领导者素质

随着我国民营中小企业的发展壮大及竞争的日趋激化,对企业领导者(即国际化经营的领导人才)的素质和能力要求越来越高,其最终目的是适应高强度的市场竞争,加速与国际市场接轨,从而使企业迈向国际化。企业要从比较竞争优势转向持续竞争优势,以保持优势地位,创造企业辉煌,其领导者是一个决定因素,起着关键性的作用。目前,人才已成为推动当今企业发展的真正动力,谁拥有高层次的高级管理人才,谁就能在白炽化的市场竞争中稳操胜券。因为高级管理人才是现代企业变革、创新和发展的领导者、指挥者。

那么优秀的领导者才应具备什么素质？本研究认为,作为一名优秀的企业领导者应具备如下素质。

(1)职业素质:作为一名面向世界、面向未来的领导者,必须具备较高的思想觉悟和良好的职业道德,能坚持按照原则办事,贯彻执行公司的经营方针,与公司的大方针和发展步调始终保持一致,具有强烈的历史使命感和奉献精神,高度认同企业文化。

(2)决策素质:决策实质上是为达到组织目标,通过科学预测、正确分析,从而果断、大胆和明智地采取有效举措的过程。在企业参与竞争和发展壮大的关键时刻起着决定性的作用,是每位领导者应具备的基本要素。能站在历史的高度,以发展的眼光,统揽全局,把握未来,善于抓住发展的良机,规避风险,加速扩张,超越对手,实现强企富国的历史使命,对管理人员来说非常重要,这是衡量领导者的主要指标。

(3)领导素质:领导是一个引导群体达到组织目标的行为,企业领导者的领导素质包括领导科学、领导行为与领导艺术水平及心理素质等诸方面要素。出色的领导者有很强的影响力、号召力和凝聚力,在群众中有较高的威望,对鼓舞员工士气,提高群体斗志产生重大作用。能任人唯贤、知人善任、团结同志和眼光超前,会精于激励、敢于授权、善于协调和勇于实践。

(4)智力素质:智力是指人们认识客观事物,并运用知识解决实际问题的能力。对管理人员来说,智力素质是从事领导工作的先决条件。管理人员注重增强自我开发意识,以提高自身的智力素质,这样,才能较好地应付变化莫测的市场竞争。对突发事件能镇定自如、得心应手地处理,真正成为一个有远见、有智谋、有胆识的卓越管理人才。

(5)创新素质:领导者是企业创新活动的倡导者、组织者和推动者。只有在各项工作中居安思危、锐意改革和不断创新,企业才会充满生机活力,保持强劲的发展态势,在激烈的商战中立于不败之地。企业创新包括思路创新、知识更新、机制创新、战略创新、技术创新、营销创新和管理创新等。创新是现代竞争取胜的锐利武器,并被愈来愈多的人们所认识。因此,现代企业决策者都应具有很强的创新能力,能深谋远虑,棋高一招,先出新招,再创优势,走向领先。

企业领导者的素质与我国民营中小企业国际化经营有着密切的联系。本研究发现,企业领导者的素质综合越高,越倾向于实施国际化经营,国际化经营的绩效水平也越高。

6.2.3.2 领导者国际化视野

企业领导者是否具有国际化视野将直接影响着企业的国际化经营行为。本研究发现,企业的继任者往往比前任更具国际化视野。研究中那些公司历史相对较长,经历过多次的领导者的更替的企业,国际化经营的倾向性和有效性更高。这部分是由于继任者所受教育的程度以及其综合素质往往较前任有明显的提高。同时,继任者的信息较前任者往往更加充分,特别是在与国际化经营有关的关于东道国的信息和国际化经营的方式方面。

6.2.4 中小企业信息化管理水平

中小企业的信息化管理通过对企业的各运营环节和管理过程而影响中小企业实施国际化经营战略的效率。新经济条件下,国际化经营必然要求企业提高信息化管理水平,以提高商务运行的速度。商务速度的提高实际上意味着企业竞争力的提高。中小企业借助信息化管理与大企业一样能以较低的成本、较快速度迅速获取、整合各种生产要素及市场环境信息。

新经济的典型特征之一就是信息化,现代信息技术推动的信息化浪潮正在迅速打破与重组世界经济的秩序与结构,这有可能会从根本上改变中小企业生存的内部和外部环境。中小企业要想快速、准确地对不断变化的国际化经营环境作出反应,就必须提高信息化管理水平。

6.2.4.1 企业信息化管理的涵义

企业信息化管理就是企业用信息化来重组企业管理、生产和销售等各运营环节。包括信息化的企业管理、信息化条件下的企业生产、信息化平台下的企业产品营销等。企业既是一个十分复杂的决策系统,又是一个由各种各样的契约组合而成的社会系统。

企业信息化管理主要包含三方面的内涵:

• 生产自动化、柔性化和产品智能化。即综合地、战略地应用现代信息技术(主要是微电子技术、计算机技术和通信技术组成)改造或重建企业的生产技术系统,设计开发智能含量高、附加值大的产品

• 各生产要素的增值管理。在企业内部实现信息化管理的基础上,为保证各种决策的及时有效,有机集成各种管理手段和工具,实现企业内外部的人力资源、资本资源、物质资源、信息资源等要素的增值管理

• 组织优化。借助信息化进行组织设计,构建一个能适应不断变化的环境的组织架构,同时优化在一定组织结构框架内的管理业务活动

6. 2. 4. 2　信息化能提升中小企业实施国际化经营战略的能力

企业信息化就是要通过建立一个信息化的管理系统,优化整合企业所有生产要素资源,为企业战略的制订和实施提供有力支持。可以说,企业信息化是企业在信息时代谋求生存和发展的基础和必备素质,是企业综合竞争力的主要表征之一。企业信息化改变了企业内部的各生产要素的组合方式,促成了企业管理系统的优化和组织创新,以适应市场需求结构和消费者结构的快速变化,使组织的绩效不断提升,进而,降低生产产品的边际成本。

中小企业的国际化经营战略必须以绩效为总要求,利用信息化平台,减少组织内部的管理成本,降低资源获取过程中的信息成本和获取资源过程中可能发生的机会成本。中小企业应该在生产自动化、生产资源规划(MRP)、产品智能化、管理一体化、组织结构优化等方面做文章,以提高各生产要素组合效率、加强和提高开发新产品、开拓新市场、改变企业经营方向、领域、规模、提高企业整体应变能力,从而切实发挥中小企业的特征优势。

6.2.4.3 信息化管理带来中小企业组织制度创新

信息技术的迅速发展改变了传统信息传递方式。因此,必须要创新原有的组织制度。由于实施信息化管理,管理者的管理幅度加大,组织层级有必要减少,以提升决策效率。

企业信息化管理强调的是深入、精细、准确地把握外部环境各要素,从而确保企业在竞争中立于不败之地。要想真正做到这一点,就必然要求企业进行组织制度的改革,以适应信息化管理的客观需要。企业的组织创新主要应从组织设计上、观念上进行创新,不限于在生产的单一过程和管理的具体业务中应用信息技术,而把应用扩展到设计、生产、销售等全过程的综合集成上和现代企业的整体战略管理方面。使企业对信息资源的获取、整合、利用能力得以提升。从而使中小企业在国际化经营过程中,突破各种先天的制约,实现对信息资源和各种生产要素的优化配置,降低边际成本,提高边际收益。

6.2.4.4 利用信息化管理平台开展电子商务

在所有企业信息化的外显特征中,电子商务可以说是一场对传统的市场结构理论的革命。这是中小企业在国际化经营过程中可以大力开拓的领域,也是中小企业可以超越大企业的现实选择。

目前我国企业信息化普及率仍然较低,中小企业尤其如此。这对中小企业开展电子商务极为不利。因此,对中小企业而言,目前,最迫切的问题是如何以最简约的方式完成电子商务所必须的信息化准备。企业的所有资源管理是不是已纳入到企业的信息化管理轨道,基本的管理流程是不是通过信息化的手段来实现,内部价值链是否已通过信息化管理实现整合。

从我国中小企业的资源实际出发,用较少的投入实现集成化、价值化、智能化和网络化的管理,用电子商务跨越企业的边界,构建真正意义上的直接将自身与客户和供应商联系在一起价值链。在信息化管理的前提下,中小企业可以建立基于互联网的电子商业社区,实现虚拟经营。这是中小企业利用电子商务开展国际化经营重要手段。企业基于互联网进行联盟、交易和业务协同,充分利用互联网提供的信息共享和实时交互,完成协同式的商业运作,减少中间过程。目前,国内的一些学者正在研究的中小企业集群问题,从信息化的木质看,中小企业如果能从这方面实现集群的目的,那无疑将提升中小企业国际化经营过程中的集群效应。

中小企业信息化要根据每个企业性质、类型、规模、发展阶段、内部组织、外部环境等各种因素来实施,企业信息化有共性,又有个性,要注意实施方式的多样化,这种多样化是必然的选择。与企业实际相脱节,往往是企业信息化、失败的一个重要原因。

企业信息化管理是无止境的。企业要不断提升自身的综合竞争力,就必须大力开展企业信息化管理,以中小企业信息化促进国际化经营战略的实施。

6.2.5　组织的学习能力

过去普遍认为企业的竞争是产品的竞争,而产品的竞争就是技术的竞争,技术的竞争要归结为人才的竞争,所以认为企业的竞争最终就是人才的竞争。然而在当今社会,知识更新的速度越来越快,知识折旧的速度也越来越快。人才竞争的背后隐藏着学习力的竞争,企业的竞争最终也是学习力的竞争,一个企业是否有竞争力,不是看这个企业取得了多少成果,而是要看这个企业有多强的学习力。

学习本身就是一个系统,它几乎囊括了管理中所有重要因素,如人、组织、决策、沟通、技术等,是一个持续的修炼过程。通过周密筹划的学习过程,组织不仅可以提高内部资源、知识的利用率,不断创造出新知识,而且可以从各方面学习,不断提高自身的能力,弥补缺陷与不足,全面提升其竞争力。

学习型组织的先驱哈瑞森·欧文斯曾这样说:"很长一段时间以来,企业的主要目标一直以生产出产品或提供服务赚取利润,但现在,企业更紧迫、更主要的任务就是要成为高效的学习型组织。这并不是说产品、利润就不再重要,而是在未来社会,如果没有持续的学习,企业将不可能赚到任何利润。企业的主要工作是学习,其他工作都靠后排。"

知识的积累通过学习,环境的适应依赖学习,创新的起点在于学习,应变的能力来自学习,企业不再是一个终身雇拥的组织,而是一个终身学习的组织,只有通过学习才能善于寻找、转换及创造知识,同时根据新的知识与领悟调整行为,实现永续经营。

美国的通用公司是一个多元化机构,包括电气公司、资产服务公司和NBC等。外界认为大组织散乱的结合缺乏一致性。韦尔奇通过倡导"好学精神"的学习理念,使通用公司的多样和复杂变成了一件好事。通用的好学精神消除了部门之间的界限,思想可以在公司内流动,通过共享思想,寻求多种技术的多种运用方式。在部门间保持人员流动,以开发新见解、拓展经验,从而把通用的事业部结合在一起,协调后的多样化比各部门单纯叠加更为强大。通用的学习型组织突破常规,学习的对象不断扩大,包括:①通用公司部门内的学习,这种学习方式在非学习型组织里也存在;②通用各部门之间的学习,例如GE航空机械公司学习了GE医疗电器公司的远距离诊断技术,应用于飞行中的发电机,进行远距离监视;③向联盟伙伴和竞争对手学习。在通用,学习和工作没有矛盾,不能分离,学习就是工作,工作就是学习。通用职员在学习比较中发现新西兰的家电生产商实行了缩短商品周期的"快速反应"方法,并迅速应用到了家电业务中去。这也是通用自信、简捷、速度原则的体现。

为了激发员工学习热情与创造力,通用经常发动让每一个人参与竞争的群策群力计划,鼓励员工对公司业务中的弊端,坦率地向上级主管提出自己的看法——这是一种另类的学习。它疏通了内部意见的程序,使包括最高经营者在内的全体员工通过集体住宿训练,提出各自问题,寻求解决意见。最终的目的是让各部门成员都能直接参与确定公司目标、决策及成果。

允许员工参与决策使他们更加尽责,大大提高了生产效率。一项针对通用雇员的调查显示87%的人认为他们的主意很重要,而在20年前,这个数字仅为5%。因此,有人说,与其说韦尔奇再造通用,不如说学习型组织再造了通用,成就了韦尔奇。

可喜的是,我国政府、企事业组织都很重视对学习,政府致力于创建学习型组织,争做知识型职工的建议,企业事业单位,特别是企业,为了持久发展,为了做久、做大、做强,也致力于学习型组织的创建,如江淮汽车建立了40＋4的学习模式,即每周工作40小时,周六学习4小时。联想集团明确提出学习是最重要的工作,上海宝钢集团产业发展公司为促进学习与工作的融合,采取"述学"、"考学"、"评学"机制,学习能力是购买不到、复制不了、消除不掉的,竞争对手可以获得其他资源,如:资本、劳力、原材料乃至技术和知识,比如挖走你的人,但是,没有人能够购买、复制或消灭一个组织的学习能力。

企业核心竞争力的形成与发展源于学习能力的提升,企业核心竞争力的成长过程就是学习能力转化为竞争力的过程,企业核心竞争力最终会从资源、资本和知识的竞争转化为学习力的竞争。学习力是组织生命力之根、竞争力之本、创造力之源。一个组织最终的竞争优势有赖于其学习力。

因此组织的学习能力是影响中小企业国际化经营的一个至关重要的因素,我国民营中小企业学习能力的培养和强弱,直接影响着的其参与国际竞争的能力,从而直接影响着我国民营中小企业国际化经营的绩效。

6.3 文化因素和跨文化管理

在本研究对大量企业中高层管理者的访问过程中发现,绝大部分的被访问者都有意识或者无意识的提到了文化这个要素。而且,国际化经营中的文化要素是最为复杂的因素之一,同时涉及到企业外部因素和内部因素。因此,本研究认为文化要素和跨文化管理也是影响民营中小企业国际化经营的一个重要因素。

文化因素对我国民营中小企业国际化经营的影响是显而易见的。在中国的中小企业中,民营家族企业占的比重愈来愈大,可以说,是我国中小企业国际化经营的主体。本研究的主体被试的大部分是民营家族中小企业。

因此,本研究对文化因素的影响探讨,主要是指通过文化对民营家族中小企业国际化经营行为的影响,探讨文化因素对民营中小企业国际化经营的一般影响。我国民营中小企业国际化经营过程中的文化因素相比较其他类型的企业而言显得格外复杂。我国民营中小企业国际化经营中的文化因素主要包括:东道国文化因素、母国文化因素、公司文化因素和董事会文化要素。各种文化要素相互作用,互为影响,使得文化因素成为民营中小企业国际化经营中的一个重要影响因素。

6.3.1 母国文化

母国文化对民营家族中小企业国际化经营的影响具有较强的代表性。

母国文化——中华文化的核心要素是从家到家族的文化。因此,本论文主要从中华文化的代表性文化主体——家族文化,对民营中小企业国际化经营的影响角度,来探讨文化因素对中小企业国际化经营的影响。

家族文化主要指调整家族成员和家族与社会之间相互关系的伦理、道德规范、行为规范、宗族观念等的总和。家族文化是中华文化的重要组成部分,对家族成员的行为和成员之间相互关系的影响、约束最直接,最具体。中国是一个家族文化深厚的国家,家族文化对人们心理与行为影响十分深远。英国人类学家马陵诺斯基认为:"家庭是中国社会与中国文化强有力的源泉,由于在许多方面是那么地优美,它几乎是可以崇拜的对象。"

"家族单位"是中国社会、经济的根本组成部分。孟子曾说:"天下之本在国,国之本在家"(《孟子·离娄篇》)。《礼记·礼运篇》上也记载:"以天下为一家,以中国为一人。"《大学》指出,"齐家"方可"治国,平天下",以及"积家而成国"、"家为邦本,本固邦宁"等对"家"的作用界定,可看出"家"在我国社会、经济生活中的特殊地位。

家族文化集中体现了中国传统文化的基本精神和突出特征。钱穆先生说"中国文化全部都从家族观念上筑起"就是这个道理。因此，从家到家族所演绎开来的文化是中华文化的主体，而民营家族型中小企业就是在这种文化主体下运营的，它带有明显的家族文化色彩。所以，家族文化对中小企业国际化经营的影响，其出发点和意义就在于此。

中华文化是以家族文化为主基调并放射开来的，因此，中华文化对我国中小企业的影响也主要是通过家族文化下的企业管理模式的特殊性来实现的。大多数研究中华文化或华人家族企业的学者都有一个共识，那就是华人家族企业取得巨大成就的原因，除宏观经济环境和制度因素外，华人家族企业的管理模式发挥了积极的作用。

家族文化主要存在三个纬度上不同，他们分别是对待权威的方式、达成目标的方式以及管理冲突的方式。家族文化可能是家长式的，协作式的或者是冲突式的。在家长式的文化中，一个家族成员拥有权威，制定决策并且决定家族的目标，其他成员服从。相比较家长式的家族文化，协作式的家族文化中，家族成员共同分享信息并且在制定家族决策时相互协作。他们有共同的目标并且致力于保持家族的和谐，同时他们也有能根据自己的判断表达自己的意见的权利。最后，相对于协作式的家族文化，冲突式的家族文化中，家族成员没有共同的目标，每个成员都有自己各自的目标并且依据不同的动机而行事。

按照古典经济学的观点，中小企业难以实现规模经济和范围经济，与钱得勒所描述的大型企业相比，毫无竞争力可言。而我国民营家族式中小企业发展的实践证明了，民营家族式中小型企业在家族文化的引导下，组建网络关系，也能够实现类似于大企业的规模经济。

根据过往文献的研究发现，我国民营家族式中小企业能够得以发展的一个重要原因，可能还是建立在血缘关系或其他类似家族关系所建立并营造起来的企业网络上。哈密尔顿从宏观社会学角度比较了西方和中国历史之后,得出结论:经济的基本单位实际上是家庭企业的网络,这些网络根据不同的形势和需要调整自己的范围和基础。雷丁(Redding,1991)根据对台湾、香港及海外华人家族企业的长期观察,发现华人家族企业普遍规模较小,但企业间存在稳定、高效的网络关系,因此得出了华人家族企业组织行为弱组织和强网络的重要结论。黄绍伦(2001)认为,华人家族企业表现出惊人的适应性、活力和竞争力,与它们在诚信基础上组成具有一定自由度的、横向的组织结构有着密切关系。郑伯博、任金刚等(1998)通过探讨台湾华人家族企业网络形成的过程及其特征,实证了华人家族企业网络的关系效能。

科斯在其经典论文《企业的性质》中指出,市场与企业是两种可互相替代的配置资源的经济制度,市场由价格机制配置资源,而企业由权威(企业家的指挥)来配置资源,企业的显著特征就是成为价格机制的替代物。企业为了降低交易成本,会比较倾向于将市场活动内化在企业之内进行,即上下游一体化,或多角化。

节约交易成本是中小企业结成企业网络的重要动机。由于市场中存在的不完全竞争、信息不对称、不确定性和不规则博弈行为等因素,常常导致市场失灵,迫使中小企业试图以集群或家族企业网络来配置资源,进而提高交易的确定性,降低交易成本。

但是,企业将外部活动内部化后,必将提高配置资源所需要耗费的管理成本,由于管理成本的高低与企业的规模和管理层级(管理层次和管理幅度)有关,在其他条件不变的情况下,规模越大,管理层级越多,企业支出的管理成本就越高。家族中小企业间形成的网络,可以在不增加管理成本的前提下,实现类似大型企业的规模经济。既能够降低企业的管理成本,又不增加市场的交易成本,从而提高了资源配置的效率。中小企业网络比单纯市场交易关系要稳定的多,可以有效克服市场失灵和组织失灵。因此,从交易成本理论的角度看,家族中小企业网络的经济性质可以理解为一种比市场机制有效、比大型科层制组织灵活的中间组织形式,它既能通过网络内企业之间因血缘、亲缘等关系的信任来节约交易成本,又能在保持企业本身的生产规模不变(即无需扩大企业管理层级及增加管理费用)的条件下,通过网络内企业之间分工协作形成动态的利益联盟,达到网络整体的内部规模经济和外部范围经济。可以说,这是我国中小企业在国际化经营过程中,以家族文化为核心的中华文化对中小企业的巨大作用之所在,它从很大程度上解决了因国际化经营的知识不足、规模不大、市场信息不充分、不对等而带来的各种问题。

6.3.2　东道国文化

东道国的文化也是影响我国民营中小企业国际化经营的一个重要因素。日裔管理专家威廉.大内认为:"每种文化都赋予其人民以互不相同的特殊环境,因此,虽然同样的行为原理对于不同的文化是适用的,但由于当地情况的差别而形成的社会结构和行为模式可能使其具有很大差别。"因而,中小企业在异域文化中开展国际化经营时不可避免地会遇到或多或少的文化冲突(Cultural Shock)。管理者必须通过学习和了解异域文化,处理好不同文化之间的关系,才能将文化冲突降到最低限度。所谓文化冲突就是不同文化、亚文化、文化的不同成分出现的相互对立、相互排斥、相互矛盾、相互否定的状态。

文化冲突的结果可能出现文化的融合,也可能出现文化的取代,还可能出现两种文化脱离接触,宣告文化接触的失败。不管怎样,文化冲突都会留下积极的或消极的结果。企业在跨国经营时,必然和异文化、亚文化发生持续地接触,可能由文化差异而导致冲突。文化冲突在企业的不同层面展开,会导致企业成本增高,经营困难甚至经营失败,甚至,给企业造成巨大损失。如美国麦肯纳利(Mcenery)和德斯哈内(Desharnais)1990 年曾统计,美国企业派往国外从事对外贸易的人员中,失败率(即未完成任务被迫返回美国)高达 20%—50%,每人给公司所造成的经济损失为 55000 美元—150000 美元。按此换算,每年给美国公司造成的损失大约为 20 亿美元。而中国在加入 WTO 后,中小企业的经营活动必然要走向国际市场,文化的个性、特殊性及导致的文化冲突,具有不可避免性,中小企业经营者必须予以正视。

6.3.3 公司文化

公司文化也是我国民营中小企业国际化经营决策的一个影响因素。公司文化可能是家长式的、放任式的、参与式的或者是职业式的。在家长式的家族企业中,各种关系是按照等级制管理的。家族企业的建立者或者是其他家族成员领导者保留着所有的决策权威和经营的关键信息,雇员被认为是不能信任的,但是在家族成员的密切监督下,雇员被认为是主动地去完成企业的愿望。相反,当家族成员将管理责任交给信任的雇员时,企业的文化即为自由放任式的文化。在这种情形下,家族普遍缺乏对于公司主要经营的控制,雇员感觉到家族成员放弃了其领导者的责任。在参与式的企业文化下,领导者鼓励雇员参与决策,领导者与雇员的关系是建立在高水平的信任之上的。最后,在职业式的公司文化下,领导者与雇员的关系是个人主义的,公司的职能是建立在职业规则和客观的程序上的。

6.3.4 董事会文化

公司中的董事会文化也是民营中小企业国际化经营中不可忽略的文化因素,会对民营中小企业的国际化经营产生深远的影响。董事会通常分为四种类型:书面式(paper board)、图章式(rubber-stamp board)、顾问式(advisory board)或者监督式(overseer board)。

(1)书面式董事会(paper board)主要存在于文件上,全部由家族成员组成。在这种董事会中,领导者制定所有的决策,董事会很少开会来讨论决策。

(2)图章式董事会(rubber-stamp board)看起来像一个有组织的单位,除了家族成员之外,还包括家族外值得信赖的个人,如家族的律师、金融经纪人或者是会计,来自于非家族成员的建议是必要的但是并不一定会被采纳。因此,非家族成员仅仅起到辅助的作用。

(3)顾问式董事会(advisory board)通常由家族成员董事和非家族成员董事共同组成。尽管家族成员仍然控制着董事会,但是非家族成员对于家族的决策和政策有一定程度的影响。顾问式董事会的作用在于提出建议并且保护所有股东的利益。

(4)监督式董事会(overseer board)由非家族成员组成。这种董事会有规律的开会,并且被授权制定公司的战略决策,尽管这些决策也许与家族的意见不一致。这种董事会大都是在公共化的家族企业中存在,这种企业中的家族不再控制公司大部分的股份。

6.3.5　跨文化管理

以上的各种与文化相关的因素都会对民营中小企业的国际化经营决策和行为产生影响,并且彼此间会相互作用,相互影响。民营中小企业国际化经营有效地实施依赖于这些文化要素的协调作用。但是,现实环境下这些文化要素往往会产生冲突,主要原因在于以下几个方面。

1.不同民族的思维模式不同

思维模式是民族文化的具体表征。美国人的实证主义的思维模式与中国人的演绎式思维模式,常常是企业跨文化沟通中构成冲突的主要原因。一家中美合资企业,准备在中国市场上推出一种新型通讯设备,但公司中美两方领导却在推出方案上发生了冲突。中方经理认为,这种新产品是国内首创,应该迅速投入市场;美方经理却认为这种产品虽然在美国通信网络上运行良好,但在中国通信网络上的运行效果却不知道,应该先试销,等市场反馈信息后改进产品,再大规模投放市场。中方经理强烈反对这种意见,认为这样做会贻误市场时机,竞争者会捷足先登。但美国人的思维方式是归纳式的、实证式的,他们只相信在实践检验后,才能归纳出结论;而中国人的思维方式是演绎式的、推理式的,由此及彼,只要逻辑推理正确就能得出结论。而即使同是西方的公司思维方式也有差异性。一家美国公司和一家瑞典公司与一家南美公司想达成一项合同。

美国公司做了一个完美的产品介绍企图用价廉物美争取合同;瑞典公司却用一周时间去了解客户,到最后一天才介绍产品,尽管瑞典公司产品价格偏高,质量也不如美国公司好,但却争取到了定单。南美公司的思维方式是谁对我好,我就把定单给谁。可见,思维方式的不同,造成了企业运作方式的差异,也造成了经营中的跨文化冲突。

2. 沟通障碍

沟通是人际或群体之间交流和传递信息的过程,但由于沟通的障碍常常导致沟通误会,甚至演变为文化冲突。例如,对文化意义符号系统的不同理解就常常造成跨文化冲突。不同的文化采用不同的符号表达不同的意义;或者符号虽然相同,表达的意义却迥然不同。美国的一家公司在英国大力推出一种药品,但在英国几乎无人问津。因为这种药品的包装盒上注有"打开盖后,请按下底部"的字样。这句说明文字在美国无伤大雅,但对英国人来说,俗语中的盖子指上半身,底部指屁股,所以,此话的含义颇为色情和滑稽,因而在英国无人问津。成都的名小吃"麻婆豆腐",中国人一想到它,就联系到又麻又烫又嫩的豆腐形象,使人产生食欲。英国人则把它译成"麻婆的老祖母做的豆腐"或者干脆译为"Mapo Tofu",使人一想到它就大倒胃口。这便是对符号意义的不同理解所造成的文化冲突。在跨文化中意义符号含有情感和信息,但是,我们最终依赖的信息是他人头脑中创造的信息,而不是我们传递的信息。所以如何解决跨文化中的意义共享是中小企业进行跨国经营的一大问题。

3. 对关系重要性的理解不同

对于中国人来说,建立和维护"关系"是非常重要的。中国人会把建立关系放在商业目的之前,认为有了关系才能达到商业目的;甚至暂时没有商业目的也必须重视建立和维护关系,因为这种关系神通广大,凭借它可以创造出若干商业机会来。中国的一些 MBA 们指出,他们上学目的之一就是为了"上网",上"知识之网",也上"关系之网",有了这两个网,读书才有含金量。西方大多数企业对中国人及公司如此重视关系甚为不解。他们认为关系和人缘是次要的,公司的商业目的和完成商业的计划才是主要的。许多西方合资企业的董事长,对中方总经理每月报销大量餐饮娱乐费用大为不满,认为是花公家的钱办私人的事,是不正当的行为。中方经理则叫苦连天,声称这是业务的重要内容,没有这项开支,公司的业务就要停止运行。对这类事情,中西方经营者冲突频起,很难达到认同。因此,加拿大 Bombardier International 总裁兼首席作业官 Robert Greenhill 指出:"在中国发展合作关系的时候,首先是关系,最重要的是关系。关系在前,合同在后,从关系再到计划最后才到合同,这种流程基本上和西方的做法是相反的,是倒过来的。在西方首要关注的是法律关系,法律合同,再共同制定商业计划。如果商业计划大家满意后,再来发展我们的关系。"

造成跨文化冲突的原因是多种多样的,除了上述原因外,宗教信仰、政治文化、生活态度的不同,以及种族优越感、以自我为中心的管理等也会导致跨文化冲突。中小企业经营者只有认真研究不同文化的特质,才能妥善解决跨文化的冲突和矛盾,把不同文化中的优点结合起来,采取有效的跨文化管理措施,实现国际化经营战略。

我国民营中小企业要实施有效的跨文化管理,促进其国际化经营有效的推进,可以从以下几个方面着手。

1. 识别文化差异,发展文化认同

按美国人类学家爱德华·郝尔的观点,文化可以分为三个范畴:正式规范、非正式规范和技术规范。正式规范是人的基本价值观,判断是非的标准,它能抵抗来自外部企图改变它的强制力量。因此正式规范引起的摩擦往往不易改变。非正式规范是人们的生活习惯和风俗等,因此引起的文化摩擦可以通过较长时间的文化交流克服。技术规范则可通过人们技术知识的学习而获得,很容易改变。可见不同规范的文化所造成的文化差异和文化摩擦的程度和类型是不同的。只有首先识别文化差异,才能发展文化认同。发展文化认同需要跨国经营的管理人员发展跨文化传通与跨文化理解的技能和技巧。

（1）跨文化传通。不同文化背景的人彼此相处，必然存在沟通障碍，因而必须建立各种正式的、非正式的、有形的和无形的跨文化沟通组织与渠道。

（2）跨文化理解。理解是促成沟通成功的重要条件，它包含两个方面的意义。一是"要理解他文化，首先必须理解自己的文化"。对自己的文化模式，包括其优缺点的演变的理解，可以使我们在跨文化交往中能够获得识别自己和有关他文化之间存在的文化上的类同和差异的参照系。二是善于"文化移情"，理解他文化。文化移情要求人们必须在某种程度上摆脱自身的本土文化，克服"心理投射的认知类同"，摆脱原来自身的文化约束从另一个不同的参照系（他文化）反观原来的文化，同时又能够对他文化采取一种超然立场，而不是盲目地落到另一种文化俗套之中。

2.合理选择跨文化管理模式

目前，国内对跨文化管理模式的概括大致有三种情况。向中兴、庄道军在总结国外跨文化管理模式的基础上将其概括为三种：占领式、共存式、创新式。丁瑞莲按文化整合方式的不同，认为跨文化管理模式可分为注入式、融合式、促进式三种类型。杨芬则概括为实地文化适应、母公司文化移植、文化融合与创新、文化规避四种。无论怎样划分，笔者以为，管理模式本身没有好坏、优劣之分，只有适合与不适合、适应与不适应之别。对于中小企业来说，评定模式成功与否的标准，最主要的是看其能否保证企业的生存发展。我国中小企业尤其是从事高科技产业的中小企业，其松散的管理体系和宽松环境有利于充分发挥个体的潜力，因此在国际化经营过程中比较适合采用融合创新式和实地文化适应模式。

• 融合创新模式。即将几种企业文化有机结合在一起，形成一种既带有原来各种文化痕迹又有创新的新文化。这种新文化既不同于母公司企业文化，又不同于当地企业文化，是两种文化的有机整合

• 实地文化适应。公司经营时，将每一个地区和国家都视为独立的个体，公司政策的制定和执行完全参照当地企业模式进行，并

不把母公司的人事运行模式强加于各子公司、或合资公司、或并构公司(统称为关联公司)之上,而是根据各关联公司的相应情况,制定适合当地实情的人事管理政策。这种分而治之、区别对待的管理政策,便于适应那些地方情况、国情和价值观完全不同于母公司所在地的地区和国家

• 积极利用"跨文化优势"。跨国经营具有跨文化优势。正如自然界中存在"杂交优势"的现象一样,社会经济生活中也是同样表现。进行跨国经营是企业有效在全球范围内优化配置生产要素,充分利用人力资源与自然资源,实现"跨文化优势"的结果。因此,中小企业在进行跨国经营时,应避免对文化差异的狭隘理解,积极利用"跨文化优势"。被联合国跨国公司中心称为"被人们广泛接受的一个国际生产模式"的邓宁(John Dunning)的折衷理论认为,在不同的文化背景下,不同的社会文化习俗、信仰传统、市场状况、技术水平、人力自然资源的条件,能给国际企业创造丰富的市场机会和丰厚的利润回报。这就可体现为企业在跨国经营中所带来的"跨文化优势"。如美国肯德基公司(KFC)在中国的成功经营堪称是实现跨文化优势的典范。中美之间在政治制度、文化传统、信仰习俗等方面的文化差距很大,然而文化的互补性也潜隐着跨文化的巨大优势。德国、美国汽车公司在中国投资的成功也是利用跨文化优势的例证,而日本丰田在这方面却丧失了最佳机遇,至今还令公司的决策层人员后悔不迭。可以说,有效分析利用跨文化优势,是企业跨国经营的动因与前提

第 7 章　民营中小企业国际化经营的路径选择

7.1　贸易出口

贸易出口是民营企业走外向国际化道路时最简单、也是成本最低的一种方式。在中国加入 WTO，外经贸经营权逐步下放的今天，直接出口将成为民营企业出口时最常用的方式，当然对那些外销渠道缺乏、外销经验欠缺的民营企业选择间接出口也未尝不可。虽然出口是最易采用的外向国际化路径，但能否成功地出口，民营企业应做好以下工作。

7.1.1　树立长远的战略目标

中国专业外贸公司的有关人士曾断言，获得自营进出口权的民营企业，就如关在笼子里的鸟，已经关久了，即使放出去，乱飞一阵后，还是要飞回来的。这一言论虽过于武断，但也从某个侧面道出了民营企业经营过程（包括出口）中长期存在的短期行为倾向。

实践表明，民营企业（能获得出口经营权的民营企业基本上在生产领域经营）在获得进出口权的初期，其长期受制约的进出口活力突然释放出来，短期内进出口贸易额会较大提高，但部分企业由于缺乏长远的战略规划，不重视产品开发和技术创新，且不能及时对世界市场的需求变化作出快速反应，导致企业在经过短期增长后，陷入出口滑坡的境地，有不少企业的产品甚至被迫完全退出市场。因此，民营企业在利用现有产品优势开拓国际市场的同时，应对世界市场需求变化的趋势有清醒的认识,并制订出相应的技术革新、产品开发战略。有条件、有实力的民营企业可以建立自己的"R&D"机构,或与科研院所、高等院校甚至国有企业联合开发新产品、开辟新市场,使自己保持长久的竞争力,走上持续发展的道路。

7.1.2　出口产品的设计

诚然,与一般企业出口一样,民营企业出口的产品首先必须满足进口国市场的需求,产品质量也应该良好。但对于民营企业这样一个特殊性质的企业而言,在出口产品的设计上与国有大中型企业不同,从民营企业的实际出发,笔者认为在出口产品设计上应遵循五个原则。

首先,实事求是原则。即产品应是民营企业自身生产能力能够生产和提供的,这个由民营企业有限的生产能力和供给能力决定。如万向集团是通过出口汽车用的零部件——万向节最终走向成功的。但如果一开始就将自己定位于向国际、国内市场提供发动机甚至汽车,要达到今天的辉煌是很难甚至是不可能的。因为,不管是发动机还是汽车,其生产所需的人、财、物、技术等有形、无形的资产是非常巨大的,这对于一个民营企业而言,是很难同时具备这些资产的,特别是在其起步阶段。

其次,专门性原则。即出口的产品有一定的特殊性,是专门化的产品,可满足顾客某种特定的需要。与大型企业相比,民营企业最大的优势在于能对市场上出现的各种特殊需求迅速作出反应。标准化、规模化是大企业尤其是西方跨国公司所追求的,而民营企业的发展最喜欢抓住市场机遇。

第三,市场需求原则。即出口产品应满足进口国顾客的需要。目前的市场早已进入买方市场,那种企业生产什么就卖什么的时代已一去不复返。对一个大企业而言,它可以生产一种目前顾客并不真正了解但市场前景很好的产品,然后运用自身强大的实力,通过广泛宣传来引导消费者的消费,民营企业显然很难做到这一点。

第四,低售后服务或零售后服务原则。对民营企业而言,及时向国外消费者提供优质的售后服务不仅非常困难,且代价十分高昂。因此,最佳的方法是出口那些对售后服务要求不高的产品,比如皮鞋、服装、打火机等等产品。浙江温州一些民营企业出口打火机,以致目前占有 70％的世界打火机市场就是最好的例证。相反,空调、冰箱、柴油机等产品,必要的售后服务是必不可少的,很明显不适合民营企业来经营。当然,自身力量的薄弱可以借助外力来解决,比如委托国外公司来进行,但其代价是非常昂贵的。因此,尽量避免出口那些需要较高售后服务的产品,对民营企业而言十分重要。

第五,遵守知识产权保护法律与保护自身知识产权相结合的原则。中国入世以来中国民营企业频繁遭遇的知识产权伏击战对中国民营企业而言就是一个非常深刻的教训。

应该说中国民营企业国际化的环境越来越宽松,但在越来越多的民营企业获得自营出口权甚至开始"走出去"的同时,问题也频频产生,其中最典型的大概应算近两年来国外企业特别是一些著名的跨国公司针对中国企业(其中主要是民营企业)的知识产权伏击战了。尽管类似的事件在中国加入 WTO 之前已有发生,但在中国加入 WTO 之后表现得更为突出。

这场知识产权伏击战爆发的原因固然复杂多样,有来自国外的因素,与国家缺乏宏观层面的知识产权保护战略等有密切的关系,但也暴露出民营企业自身的不少问题,具体而言主要有以下几点。

其一,中国民营企业技术水平及研发能力十分薄弱。知识经济的到来在深刻改变竞争性质的同时,亦使知识产权成为最主要的生产要素及创造新的竞争优势的基础,且这种无形的智慧活动也成为 21 世纪最有价值的财产。当今世界著名的跨国公司均有自主知识产权的核心技术:如飞利浦公司有光学介质领域技术;索尼公司有微型电子技术;Jvc 公司有视频—机电一体化技术;NEC 公司有数字集成技术等。一句话,拥有自主知识产权的核心技术已成为这些跨国公司著名的关键,也是其迅速发展壮大,在国际市场纵横驰骋的秘决所在。受制于多方面因素的影响,民营企业的科技实力普遍薄弱,创新能力不强。就拿著名的民营企业——正泰集团来说,近几年虽开发出了一系列具有 20 世纪同年代行业先进水平的产品,但只占了一该公司全部产品的 30% 左右。由于技术积累和开发能力薄弱,民营企业最后陷入了"仿制"的怪圈。

其二,民营企业的知识产权意识淡薄。发达国家企业早已将知识产权当作自身发展的"命根子",并千方百计加强知识产权保护。但中国不少民营企业其至还包括一些民营科技企业对知识产权保护的意义还缺乏足够的认识,知识产权保护意识淡薄。这首先表现在民营企业对他人知识产权进行保护的意识不强,客观上存在模仿、侵权的现象,有时其至对对方提出的专利问题不予理会。比如在 DVD 一案中,对方早在 1999 年 6 月就发出通知,要求中国生产厂家购买有关专利使用权,但国内企业未在意。其次,不少民营企业重广告,轻发明创造,轻专利申请。在中国目前申请的信息技术发明专利中,国内企业的申请量不到国外申请量的 1/6;国内企业只掌握着 10% 左右的通讯技术、计算机与自动化、家用电器方面的专利;而只有不到 13% 的生物技术的发明专利是中国企业申请的。具体到民营企业,则更是微乎其微。再次,一些民营企业虽重视研究开发,但对知识产权保护的意识十分薄弱,比如在科研成果出来后,不是去申请专利,寻求法律保护,而是抢先进行成果鉴定,发表论文,公开成果,既造成了新颖性的丧失,也丧失了申请专利的权利,其结果往往是自己的发明创造,可却因为未申请专利,而被对方控告侵权。

其三,民营企业拓展国际市场的战略不当。一方面,在进入国际市场的初期阶段,民营企业对专利、商标或域名注册不重视,以致被国外抢注现象屡屡发生,与发达国家企业在进入中国市场时先注册商标、专利形成鲜明的对比,其结果一些本属于中国民营企业的专利、商标,却因未注册而无权使用。另一方面,在拓展市场过程中,民营企业重价格战略,轻"专利战略"、"标准战略",这虽可奏效一时,但却不能奏效一世。

因此,加强知识产权意识成为中国民营企业拓展国际市场时应该注意的问题。从民营企业自身来看，主要应做的工作包括以下几点。

第一，强化知识产权意识。技术创新是一个企业源源不断发展的动力，知识产权则是使这种创新能够持续下去的有力保障，技术创新是矛，知识产权是盾。因此及时将技术创新的成果尽快转化为知识产权，通过法律机制给予保护，对民营企业而言十分重要。对此，民营企业特别是民营科技企业家应清醒地认识到。与此同时，在国际化的过程中，应尊重他人的知识产权，守法经营。

第二，创立自主知识产权优势。企业生命的根基在于掌握核心技术和自主知识产权，民营企业亦不例外。先买别人的技术，再与其竞争是很难取胜的。民营企业应加大研发投入，大幅度提升自主创新能力，创造和培育知识产权优势或知产型竞争优势。在开发过程中，既要注重单项技术的开发，也应重视配套技术体系的建立，着力于技术的系统集成创新。当然，对那些在短期内无法拥有核心专利的技术，应尽快通过引进—消化—吸收—创新，开发出一批围绕原核心专利的应用技术专利、组合专利、外围专利，并形成对原核心专利的包围网，并借助交叉许可，获取发展空间。此外，经验表明一个学习型组织有助于有效提升民营企业的科技实力及及时有效解决知识产权争议。

第三，尽快建立专管或兼管知识产权的机构。民营企业的主要领导分管知识产权工作，配备专兼职管理人员，加强专利申请和保护工作，研究、规划和实施知识产权战略，加强专利产业化实施和许可贸易工作。

第四，建设与本企业技术研究与开发相关的专利信息库。建立专利信息查询系统，有效利用国家知识产权局的公共专利文献数据库，做好专利检索服务，把专利信息运用落实到企业项目投资论证、研究开发、专利申请决策和专利保护管理等各个环节中去。

第五，加强对国外知识产权的保护。事实上，在今后一段比较长的时期内，跨国公司仍将是中国企业包括民营企业引进技术的特殊源地。只有加强对其知识产权的保护才能吸引更多的跨国公司投资,也才能有保障地及时获得有关先进技术,并在进入国际市场时免受知识产权伏击。

　　第六,充分利用 WTO 解决知识产权纠纷。面对国外对我民营企业的知识产权伏击战,当前最为迫切的工作是研究具体对策。在对策的设计上应认真研究 WTO 相关条款,以尽快解决知识产权纠纷,最终保护民营企业的利益。

7.1.3　出口市场的选择

　　开拓有潜力的新兴市场在出口市场的选择上,民营企业应考虑到自身经济实力相对较弱这一特点,选择那些本企业产品具有竞争优势的重点市场进入,在获得稳定的国际市场之后,再逐步开拓其他市场。虽然北美、西欧、日本及东南亚国家和地区的市场容量大、发育成熟,且绝大多数是 WTO 成员,进入这些市场可享受到关税及其他方面的优惠,但也不能忽视这些市场竞争激烈、市场趋于饱和的现实。相反如果采取有效措施积极开拓拉美、非洲、东欧和独联体等国家和地区的市场,尤其是其中的 WTO 成员国的市场,则反而能获得较高利润。当然,对这些新兴市场所存在的高风险应事先有所了解并制订好详细的应对措施。

7.1.4　出口方式的选择

　　出口方式的选择主要是应正确处理自营出口和代理出口之间的关系。民营企业短期内不宜完全脱离代理出口。一方面,民营企业普遍存在的专业外贸人才和国际营销经验缺乏的状况,很难在短期内彻底改变;另一方面短期内民营企业难以形成广泛的国际营销网络,而这正是专业外贸公司的优势所在。所以民营企业要保持出口的稳定增长还须依赖外贸公司的代理。即使那些已经获得自营进出口权的民营企业,由于经营的品种繁多,且每种产品都有其自身的特点和需求层次,此时选择外贸公司代理出口亦不失为一条好招。所以走自营与代理相结合的道路是民营企业在入世初期,在未能完全在国际市场上占据主动,未能完全打响自己品牌时的明智之举。

7.1.5　构筑现代化的国际市场营销、信息网

一方面,争取机会多参加各种类型的国际性贸易博览会、展销会等,广泛接触国外客商,在宣传自己的同时,宣传自己经营的产品,收集第一手的市场资料;尽快加入各进出口商会,利用商会的信息服务功能获取可靠的客户资源和供求信息,在 1999 年上半年的广交会上获得自营进出口权的企业登台亮相,"小试牛刀"就出手不凡,成为当届广交会最"靓"的风景之一。另一方面,可选择重点国家或地区的中心城市,投资设立联络办事机构。在寻求客户、建立营销网络的同时,更直接地获取当地市场需求信息,为出口产品进行售前宣传和售后服务,并为将来开展对外投资奠定好基础。当然通过国际互联网设置企业自己的主页,开展电子商务,也不失为一条成本低且符合时代发展趋势的做法。

7.2　对外直接投资

与出口相比,对外直接投资属于外向型国际化,且处于高级阶段。与出口一样,民营企业在对外投资的过程中,也应选择合适的策略。

7.2.1　区位选择

在投资的区位选择上,民营企业需要考虑的因素很多,具体包括:(1)市场潜力;(2)生产的经济性;(3)竞争强度;(4)心理距离;(5)辐射力。

综合考虑以上因素,民营企业对外直接投资时,在区位选择上应采取逐步推进的策略,从现实来看,选择先发展中国家后发达国家、先周边国家后相距较远的国家的顺序逐步推进的策略是符合民营企业特点且可行的。这主要基于以下事实。

第一,随着发达国家战略的调整,发达国家对发展中国家的资

本输出在近年来出现了逐步减少的趋势。这恰恰为中国企业加强对该地区的投资提供了难得的契机。

第二,资金与先进实用技术的短缺一直是制约广大发展中国家经济发展的两个关键因素。实践已一再证明,外资是缓解资金矛盾的重要途径,而引进先进实用技术则可在很大程度上使企业摆脱技术瓶颈的制约。

第三,经过 30 多年的改革开放,中国已逐步由一个资金短缺的国家变为一个资金相对丰富的国家。1990 年中国只有 110.93 亿美元的外汇储备,但截至 2003 年底,中国已拥有外汇储备 4033 亿美元,14 年间中国外汇储备增加了 3535 倍,年均增幅 2926%。受制于多方面因素的影响,中国广大民营企业或掌握或研制开发了很多先进而适用的技术与机器设备,虽然与发达国家相比在技术水平上还有一段差距,但与发展中国家的经济发展水平的适宜性却远远超过了发达国家,并因此而大受发展中国家欢迎。不仅如此,这些先进适用技术通过中国民营企业的直接投资行为进入发展中国家市场后,还可为发展中国家创造更多的就业机会,因而深受广大发展中国家的欢迎。

当然,在进军发展中国家市场时,也应有所侧重。目前,经济正处在高速增长阶段且与中国陆地相邻或距离较近的东南亚各国、经济恢复较快的俄罗斯、东欧、中亚等国因与中国具有很强的互补性,应成为民营企业对外投资的首选。当然,为回避发达国家对中国实施的各种贸易限制(如进口配额、进口许可证等)及发达国家组建地区经济一体化后对包括中国在内的区外国家贸易壁垒的增强,中国民营企业也可到非洲(绝大多数非洲国家产品在进入发达国家市场时无配额限制)、墨西哥(它是北美自由贸易区的成员,根据北美自由贸易协定,其产品可自由进入美、加市场)及在 2004 年 5 月 1 日才正式成为欧盟成员的中、东欧国家等地区进行投资。

从长期来看,欧美发达国家应逐步成为中国民营企业对外投资的主要投资地,这主要取决于以下因素。

首先,发达国家作为当前世界上最主要的引资国和对外投资国,其投资环境大大于发展中国家。尽管出于国家经济安全及产业安全的需要,发达国家对境外企业进入本国某些行业(如航空运输业、金融业等)制订了一些限制政策,但总体基调是对外来投资持欢迎态度,许多在发展中国家存在的门槛,在发达国家或没有或门槛很低。

其次,投资发达国家是尽快提升中国民营企业国际竞争力的有效途径。发达国家技术水平高、劳动效率高、融资便利、消费市场巨大,有助于中国民营企业在对外投资中提升自己、创造国际品牌。虽然其对投资者的要求很高,但"到中流击水",应成为优秀的、有实力、有远见的中国民营企业努力的目标。

总之,一个扎根于发达国家的企业更容易成长、壮大,一个将自己触角伸进了发达国家市场的中国民营企业将能更好地实现自己国际化的目标,并将自己最终建设成一个现代意义上的跨国公司。因此,将发达国家作为中国企业,特别是中国民营企业对外投资的主要区位应成为我们努力的方向与目标。

7.2.2 投资产业的选择

跨国公司成长的经历给我们的一个重要启示是,选择好投资产业是企业对外投资成功的关键,亦是一个实施国际化战略的企业最终能否成长为跨国公司的根本。面对一个已经充满激烈竞争的行业,局外企业要进去是非常困难的,而要最终取胜则更是难于上青天,除非你遇到特殊的机遇或有超人的能力。因此,选择一个已经充满竞争的产业作为中国民营企业对外投资时的契入点显然是不切实际的。但要找到一个完全没有竞争的产业,在目前同样也是不现实的。那么,在走对外直接投资这一国际化道路时,民营企业如何选择投资的产业呢? 我认为应坚持以下几个原则。

(1)以商务部颁布的《中国企业对外投资产业指导目录》为准绳。

(2)从民营企业实际出发。

从规模上看,中国民营企业中的大多数属于中小型企业,因此比较适合投资于生产规模经济程度低,竞争性弱,且进入壁垒低,不需要大的研发投资以及复杂的技术,也不需要太多的固定资产投资的小规模产业,如纺织业、玩具业、电子等;当然,对于一些已具备一定技术实力的民营企业应侧重于高新技术产业,以在实现高的投资回报率的同时,有机会获取跟踪并掌握先进技术的机会。

(3)实施市场缝隙战略,即避开跨国公司的强势领域。目前跨国公司已渗透到很多领域,对于尚属于“弱者”的中国民营企业如果不自量力,在跨国公司已经进入的领域打“天下”,其结果只能会碰得头破血流。相反,如果我们选择那些跨国公司不愿进入或跨国公司薄弱的领域(事实上再大的企业也不可能在所有方面都是强者)入手,则成功的几率将会增加很多。正所谓“强者弱处不经打”。

在这方面,美国 DEC 公司值得我们的民营企业学习。20 世纪70 年代,身处计算机行业的第一巨头的 IBM 公司的经营宗旨是为顾客“包办一切”,特别是在大型计算机领域,IBM 更是独树一帜。此时,DEC 公司打出了“让用户做计算机主人”的口号,加强对顾客的计算机培训,并将开发、研制的重点放在了市场上尚属于空白的小型机上,在 1971 年推出了价格低廉、且具有全部编程功能和教育功能的计算机。因其与 IBM 计算机在功能以及面向的用户不同,避免了与 IBM 公司的直接冲突,从而在计算机市场占得一席之地。1997 年该公司已发展成拥有 97 亿美元资产、130 亿美元销售额的大型企业,进入《财富 500 强》的第 331 位。

(4)与东道国产业政策相配套。

一旦企业实现了对外直接投资,其将主要在东道国境内从事生产与经营活动,因此,所投产业与东道国产业发展政策协调一致十分重要。做到这一点的前提是应认真做好投资前对东道国经济发展政策特别是产业政策的调查与研究工作,并对相关行业的竞争态势进行深入细致地分析。

7.2.3　进入方式的选择

企业以直接投资方式进入国际市场时,有新建和并购两种可以互相替代的方式。所谓新建是指在东道国按照其法律建立一个全部或部分股权归投资者所有的完全崭新的企业。新建企业需要大量的筹建工作,速度慢、周期长。并购(Meger & Aequisiton,简称 M & A)的内涵则比较丰富,完整意义上的并购包括收购(Aequlsiton)、兼并(Meger)及合并(Annex)三种具体形式。

收购是指一家企业以现金、债券或股票购买取得其他企业的部分或全部资产或股权,以取得这些企业的控制权的经济行为。收购作为企业资本经营的一种形式,具有经济意义,又具有法律意义。中国《证券法》的规定是,持有一家上市公司发行在外 30％的股份时发出邀约收购该公司股票的行为。收购的对象一般有两种:股权和资产。主要差别为:收购股权是购买一家企业的股份,收购方将成为被收购方的股东,因此要承担该企业的债权和债务;而收购资产则仅仅是一般资产的买卖行为,由于在收购目标公司资产时并未收购其股份,收购方无需承担该企业的债务。

兼并是指一家企业以现金、证券或其他形式(如承担债务、利润返还等)购买取得其他企业的产权,使其他企业丧失法人资格或改变法人实体,并取得这些企业的控制权的经济行为。等同于《公司法》中的吸收合并(不是新设合并)。

合并则是指两家或两家以上的企业组成一个新的企业。

在实际运作中兼并、合并、收购统称"购并"或"并购",泛指为获取其他企业的控权而进行的产权交易活动。

与新建相比,并购具有以下优点:(1)迅速进入:由于省去了选择厂址及建厂的中间环节,并购可使投资者迅速进入投资回收阶段;(2)通过跨行业并购可以扩大产品品种;(3)可利用并购者的各种无形资产:诸如原企业的先进的管理制度、技术、分销渠道、市场份额、商标等;(4)可获得资金融通便利;(5)在被并购企业面临财务危机时,可廉价获得资产。

由于并购的上述优点,20 世纪 80 年代以来并购特别是其中的收购已成为西方跨公司对外直接投资时的主要方式,90 年代以后更是形成了一股全球性的并购高潮。于中国民营企业而言,存在起步晚,经验不足,从而存在着资金短缺,或管理经验短缺,或技术相对落后等弱点,因此,在民营企业选择对外直接投资这样一种国际化式时,应优先选择并购,这样可获得减少投资成本、尽快进入市场、降低管理难度多方面的利益。当然这里并不排除在经过一段时期后,壮大了的民营企业采用新建方式进入国际市场。

7.2.4　投资方式的选择

根据投资者对子公司的控制度的大小,对外直接投资又可分为独资、合资两种主要方式。

独资企业是指由投资者投入全部资本,依据东道国法律在当地注册成立的独立法人。与合资公司相比,其优点主要表现为:(1)可避免合资伙伴对公司管理控制权的稀释,有利于独立决策;(2)经营效率比较高,能在最大程度上维护投资者在技术上的垄断权,易于维护企业的商誉。在西方跨国公司对外投资过程中,更多地倾向于采用独资方式。

合资企业则是两个或两个以上投资者,依据东道国的法律在东道国共同投资建立起来的企业,对于有关企业由投资者共同经营、共负盈亏、共担风险。习惯上合资企业可分为股权式合资企业(即中国法律所称的合资企业)及契约式合资企业(中国称合作企业),前者投资者按其在合资企业中的投资比例分享利润、承担风险;后者则按合同进行。

采取合资方式时,虽然投资者各自无法完全控制所投资的企业,但由于有东道国(通常情况下)或第三国(实践中比较少)的投资者参与投资、经营和管理,从而东道国合资者的力量可被外国投资者合法利用,可减少很多不必要的麻烦和风险。

鉴于以上情况,建议我们的民营企业在对外投资时,应优先而且主要地应选择合资方式。

7.2.5　合作伙伴的选择

企业国际化经营是一个学会选择、善于选择的过程。一旦民营企业选择了对外投资并以合资方式实施国际化,那么就面临着合作伙伴的选择,这直接关系到境外投资项目能否最终取得成功。在合作伙伴的选择上,以下标准可资参考。

(1)与自己的条件相适应。一个拟与通用电气合作的企业,必须是在该行业具有一定影响的、拥有一流的资源和条件的企业。普通的企业还是要选择和自己相当的合作伙伴,才能找到合作的机会。当然,为在更大程度上获得更多的竞争优势,则可选择那些经济实力较强、对所在行业发展情况及东道国产业政策比较熟悉的企业作为合作伙伴。

(2)与东道国政府、银行及关联企业已建立有密切的、良好的关系。

(3)有良好的信用基础。

此外,在合作中,充分发挥合作伙伴的作用对于合资企业的成功具有十分重要的意义。

7.2.6 按国际惯例管理海外企业

随着民营企业国际化进程的推进,特别是当民营企业逐步发展成国际化企业后,按照国际惯例对其海外分支机构进行管理将提上议事日程。

7.3 建立跨国战略联盟

企业战略联盟作为一种全新的网络组织形式,已被众多当代企业家视为企业发展全球战略最迅速、最经济的方法,并被认为是现代企业提高国际市场竞争力的有效形式,被称为"20世纪末最重要的组织创新"。

7.3.1 跨国战略联盟的形势

我国企业,尤其中小型企业,在特有的条件下,为了能够克服自身资源的局限,采用战略联盟形式进行发展应该是一个明智的选择。在当前环境下,中小企业采用跨国战略联盟来实现国际化战略是非常必要的。一般来说,跨国战略联盟分为以下两种形式。

1.股权式联盟

这是广义上的跨国战略联盟。我国中小型企业与国外企业合资经营是国际化的一种重要方式。这种方式在为外商提供市场进入渠道等优势资源的同时,能够弥补自身资金的不足、引进外国先进的技术设备。

2.非股权式联盟

目前所说的战略联盟多指这种狭义的非股权式战略联盟,契约性是这种联盟形式的最重要特征。主要形式有以下几种。

(1)特许经营特许方利用自己的品牌、专利或专有技术,通过特许协议,转让特许权,让受许方利用这些无形资产从事经营活动,从而形成一种战略联盟。

(2)贴牌生产(OEM)这种方式是拥有知名品牌的企业,由于生产能力不足或出于劳动力成本等原因考虑,选择其他具有生产能力的企业作为合作伙伴的一种契约形式。

(3)专向联盟按照价值链中的活动,中小企业可以成为大企业某项专向活动的合作伙伴,从而把本企业的经营与发展相对固定地纳入到或嫁接到大企业,从而成为大企业系列生产中的组成部分,进行专业化的活动。

7.3.2　跨国战略联盟的管理实践

无论是那种跨国战略联盟形式,中小企业都要注意以下问题,加强对战略联盟的管理。

1.联盟成员核心能力互补原则

中小企业实行跨国战略联盟最为重要的目标是弥补企业的战略缺口和增强企业的核心能力。因此,在选择联盟伙伴时一定注意双方核心能力的匹配、互补与整合,否则缺少互补核心能力和内部整合的联盟是最容易失败的联盟。

2. 战略性的互相学习原则

跨国战略联盟的目标都是暂时和局部的,企业要获得长期的竞争优势,必须通过学习和经验积累来增强企业的综合实力。战略联盟中的各方在国际化经营的合作过程中,应该相互学习,取长补短。学习型组织的建立有利于企业提升自身的效率和核心竞争力的形成,对于我国民营中小企业而言更是如此。

3. 保持灵活战略和独立地位的原则

竞争环境的动态性和不确定性,要求企业要有迅速适应环境变化的战略与之相适应,当企业因为联盟而失去战略的灵活性时,一旦环境改变,就会产生巨大的联盟风险。对于资源条件十分有限的我国民营中小企业而言,由于其自身所拥有的能力对环境变化做出有效调整的资源有限,因此,我国民营中小企业在联盟中必须保持灵活的战略和相对独立的地位。

4. 保持平等互利和相互信任原则

跨国战略联盟往往涉及到联盟方所在国家及企业文化的问题。双方只有遵循平等互利以及相互信任原则,为彼此创造宽松的氛围以及环境才能联盟成功,联盟长久。[①] 联盟中的各方在国际化经营的各种活动中必须充分信任,紧密配合,这样有利于降低国际化经营实践中的交易成本,从而给联盟中的各方创造竞争优势。

5. 全球视野原则

在经济全球化环境下进行跨国联盟,务必站在全球的高度,拥有占领全球市场的雄心,从全球的视野和角度对全球资源进行整合,这样才能把握全球市场的大格局,才能有明确的长远战略,才能在时不我待的机遇中快速成长,提升其全球竞争力。

---

① 王月萍:《中小企业的战略联盟》,载《商场现代化》2007 年第 2 期,第 167—168 页。

7.4 集群式国际化经营

7.4.1 产业集群的基本概念

集群是一个普通的经济现象。美国产业发展组织将集群定义为:一系列生产或销售在一个特定的产业部门下相关或者互补产品的某个地区内公司的集合①。一个典型的例子就是一个地方化的针织和服装产业,该产业在一个很小的地理区域内包括了编织公司,成衣公司,印染公司,印刷公司,服装制造商,商业采购商和出口商,同时还包括了专业的投入品生产商,如线、纽扣、拉链生产商,甚至有可能也包括化学处理公司。但是也有些产业集群没有这么专业化和发达,例如一个地方的小的金属制品公司的集合,这些公司为相同的市场生产一系列的金属产品以及提供修理服务,彼此之间仅仅是竞争关系。

J . A. TheoRolel 和 PimdenHeog (1998)将产业集群定义为:"为了获取新的互补的技术,从互补资产和知识联盟中获得收益,加快学习过程,降低交易成本,克服或构筑市场壁垒,取得协作经济效益,分散创新风险,由相互依赖性很强的企业(包括专业供应商)、知识生产机构(大学、研究机构和工程设计公司)、中介机构(经纪人和咨询顾问)和客户通过增值链相互联系形成的一种产业网络。"②OCED 国家中关于产业集群的专题小组将产业集群定义为:"在附加值生产链中关联性很强的供应商、消费者和知识中心(大学、研究所、知识密集型服务组织、中介机构)所形成的网络。"哈佛大学商学

① Richard, F. (1996). "Principal for Promoting Clusters and Networking of SMEs," paper presented at the IX International Conference on Small and Medium Enterprises, WASME, New Delhi, April 17-19.

② Theo Roelandt J A , Pim den Hertog. Cluster Analysis &Cluster2based Policy in OECD Countries[M]. OECD ,1998.

院教授迈克·E·波特关于产业集群的界定在国内外得到普遍的引用,具有一定的代表性。他认为:产业集群是指在某一特定领域内,一群在地理上相互集中,且又相互关联的企业、专业化供应商、服务供应商、相关产业的厂商以及相关的机构(如大学、产业协会等)构成的群体。^① 波特指出,产业集群最为先进的形式是在地理上接近的,在某个特定的地域内,一群相互联系的公司和关联的机构通过共性和互补而相互联系起来。根据这个定义,一个产业集群可能包括投入品的供应商,或者扩展到下游的经常性买家和出口商。它也包括政府机构,商业协会,服务提供商以及为产业集群提供支持的公司,如负责产品开发,产品流程改进,技术、营销信息、职业培训等等的公司。

7.4.2　产业集群的预期收益

在经济全球化和国际贸易自由化的时代,在提高中小企业效率和生产力,从而对产品、市场技术管理以及组织保持适应性和灵活性方面有着很大的需求。这个时代产生了更多的机遇,单个的中小企业常常因为自身非常有限的资源而无法抓住这些机遇。要抓住这些机遇需要更好的产品质量、更低的产品价格、更优的售后服务、更大的产能、更高的产品一致性和及时的供给。许多企业经历了获得规模经济的困难,规模经济的门槛成了如培训,市场信息,物流和技术创新等功能内化中的巨大障碍,也阻碍着专业化和劳动力的有效内部划分。

在欧洲许多国家的经验表明产业集群是一种克服以上约束并在一个竞争更为激烈的市场中成功的有效方式。通过产业集群,单个企业能够解决当前与他们的规模、生产流程、市场营销、投入品获得、需求波动风险等问题,并且能解决改善其竞争地位的市场信息相关的问题。通过产业集群中公司间的合作,他们能够利用外部经济性:原材料、原件、机器设备以及零部件的供应;工人以及特殊技

---

① 　OECD. Drivers of National Innovation System[M]. Innovative Clusters ,2001.

能的保有;生产或服务于机器和生产工具的工厂的存在。产业集群也吸引许多的贸易商购买产品并将他们销售到遥远的市场。同时,随着产业集群的形成,政府、大学以及其他支持性机构也可以更容易地为之提供服务。这些服务和设施对于那些在分散的地区中的供应商而言将是十分昂贵的。

7.4.2.1　产业集群的内部网络和外部网络

产业集群创造了外部经济性和联合行动,并且扩大了其范围。集群中单个的公司能够获得集体的效率。彼此的接近性方便了当地企业建立产业联系,而不会产生真实的交易成本和障碍。但是这些经济优势只有在产业集群形成了良好的内部和外部网络时才会获得。内部网络可以被定义为产业集群内的公司间的合作和联系,这种联系是多种多样的,诸如营销、分销、生产、材料的获得以及工人的培训等。外部网络则是指产业内公司和产业外如物流、投入品供应商、商业服务供应商等公司间的业务和其他形式的联系。见图7-1所示。

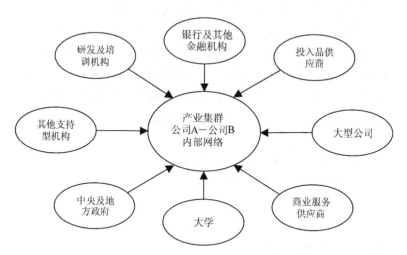

图7-1　产业集群的内部网络和外部网络示意图

7.4.2.2　水平和垂直的合作收益

公司间合作可以被划分为水平和垂直合作。垂直的公司间合作见图7-2所示。

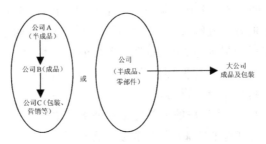

图 7-2　垂直的公司间合作示意图

中小企业间合作的第一种形式是价值链中的处于相同位置企业间的合作。通过这种合作，这些公司能够集体获得超出单个中小企业能达到的规模经济，能获得投入品的批量采购，获得机器使用的最佳规模，并且能将他们的产能联合起来以满足大规模订单。这种合作还能够改进企业的集体学习过程，在这种学习过程中企业的观点得以交流和发展，知识得以在每个公司间共享，他们一起努力提高产品质量，改进技术，进入利润更高的市场部分。

中小企业间合作的第二种形式处于价值链中不同位置间企业的和合作。通过这种合作，一个企业能够在其核心业务上实现专业化，将其他相关的业务转包给产业集群中的其他企业。但是，在有些情况下，许多单个的公司通过转包与集群外的物流公司进行垂直合作。因此，在许多情况下，垂直合作既包括内部网络也包括外部网络。

7.4.2.3　影响产业集群的关键要素

根据波特(1998)对于全球经济中当地产业集群的论述，产业集群的发展取决于四个关键要素(见图 7-3 所示)：

(1)公司战略和竞争状况；(2)需求状况；(3)相关支持性的产业状况；(4)生产要素状况。

公司战略和竞争状况是指企业在一个国家的基础、组织和管理形态，以及市场竞争对手的表现状况。这包括如何创立、组织、管理公司，以及竞争对手的条件等。通常来说，国内竞争对手的影响是最大的。一群本地厂商彼此激烈竞争，往往会带动专业基础建设，

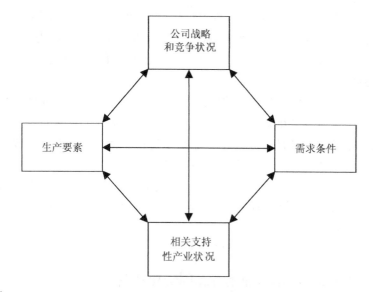

图 7-3　影响产业集群的关键要素模型(钻石体系)

加速流通的市场信息,而相关科技与专业人力资源也会快速发展。厂商因为害怕落后,必然会单独或者以组成同业工会的形式进行专业条件的投资。本地企业的竞争也会带动当地学校和大学开设专业的课程,政府也会投资支持设立技术学院和训练中心,发展专业的产业经济期刊、市场情报组织等等。另外,当厂商在本地市场上捉对厮杀时,本地谋职者会主动在更专业或者更高级的训练上自我充实。这些无疑都会加快产业集群的发展。

需求状况是指市场对该项产业所提供的产品和服务的需求如何。在产业竞争优势上,市场的影响力主要通过客户需求的形态和特征来施展。这种市场特征会影响企业如何认知、解读并回应顾客的需求。如果市场的客户要求较多,本地厂商会在市场压力下努力改善和创新,形成更精致的竞争优势,从而成为产业竞争优势。

相关支持性产业状况是指这些产业的相关产业和上游产业是否具有竞争力。当本地区与其竞争对手相比能提供更健全的相关和支持性产业时,就更具竞争优势。日本的机械工具产业能够在国际上称雄,正是因为日本在数控机械,马达以及相关零部件产业也是世界一流的。在很多产业中,一个企业的潜在优势是因为它的相关产业具有竞争优势。因为相关产业的表现与能力,自然会带动上下游的创新和国际化。

生产要素状况是指在特定的产业竞争中有关生产方面的表现,如人工素质或基础设施的状况。生产要素如人工、耕地、天然资源以及基础设施等是任何一个产业最上游的竞争条件。区域的天然条件明显地在企业竞争优势上扮演了重要的角色。当然生产要素还有更深层次的意义,大多数产业的竞争优势中,生产要素通常是创造得来而非自然天成的,并且会随各个区域及其产业性质而有极大的差异。生产要素通常可以被划分为一下几大类:人力资源、天然资源、知识资源、资本资源和基础设施。

7.4.3 中小企业集群和国际化经营

我国民营中小企业在进行国际化发展中,具有一定比较优势,如灵活多变,市场适应性强等。但是企业自身仍然存在着缺乏核心竞争能力,防御风险能力差,资金短缺,技术落后等现状以及经济体制不完善造成的宏观环境不利,因此,中小企业单枪匹马闯进国际市场难度很大。而中小企业通过"集群"这种组织形式,依靠"集体"的力量,在国际化经营中就比个体小企业更具竞争优势。

7.4.3.1 中小企业集群能够生产效率和国际市场中的应变能力

对于多品种、小批量、临时急需的订货,集群内可以用最快的方式通知各协作生产企业备料上线。由于已经建立一定的关系基础,不必详细讨价和签订加工协议。面对瞬息万变的国际市场,这一快捷反应能力,具有竞争上的独特优势。

中小企业集群能够创建获取专门信息和知识外溢的便利条件。市场信息的迅速反馈与传递,是小企业发挥其灵活机制优势的前提。市场信息可以使企业洞察市场环境的变化,捕捉有利的市场机会,以便及时调整产品结构,避免或降低因市场变动造成的损失。中小企业集群内,众多小企业与服务单位和政府机构群聚在一起,共同构成一个机构完善,功能齐全的生产—销售—服务—信息网络(如图7-4),由于地理邻近与相互信任,有关产品、技术、竞争等市场信息就可以在集群内企业间迅速集中和传播,且成本很低。

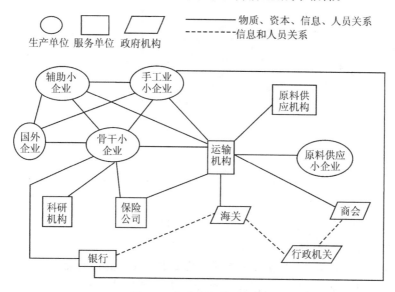

图 7-4　中小企业集群网络

　　集群内的中小企业利用这种"网络"关系,就能在竞争、合作、协作中,提高自身的竞争力——是一种通过建立特定结构而建立的竞争力,或称"结构竞争力"。在国际化发展中,"结构竞争力"使一个小企业不仅可以直接利用自身直接占有的资源,而且可以间接地利用更多的非自有资源。这在一定意义上扩展了企业可以利用的资源边界,扩大了企业的规模。例如,在图7-5中,以单个小企业为例,群内小企业 C 不仅可以直接与外国公司 A 建立联系,也可以通过群内企业 4 间接地获得关于外国公司 B 的信息或与之发生关系,而群外小企业 D 却不具有这种集群优势。

　　此外,如果中小企业集群内成员企业尤其是核心企业与国外先进企业合资合作,也会十分有利于企业集群在经验技能方面的整体优化。这种"拉动力"可能带动一大批小企业走向国际化。而集群

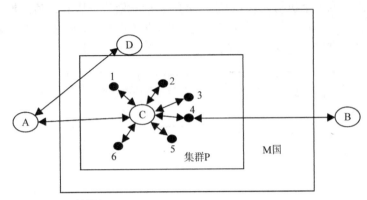

A、B——外国公司；
C——小企业集群；
D——小企业集群P外的小企业；
1~6——小企业集群P内与C有关联的其他中小企业；
M——小企业集群P所在的某个国家

图7-5 企业集群优势

外小企业恐怕只能"自力更生，孤军奋战"了。

7.4.3.2 中小企业集群能够提高群内企业的创新能力

研究表明，知识和创新是企业获得竞争优势的最主要途径，而"竞争优势"是一个企业进行国际化必不可少的因素之一。根据波特理论，企业创新能力取决于四个相互独立又密切相关的因素：要素条件、需求条件、配套和关联产业及企业竞争环境（如图7-6）。要素条件主要指人力资源的质量和企业家精神，需求条件指出需求刺激创新，创新创造供给。配套和关联产业是指一批为企业提供原料和服务的企业，这些企业并不相互隶属，而是在一个竞争市场内为竞争能力相对较强的核心企业服务。竞争对手的结构是指，在一个非垄断性市场中，从竞争市场中求生存是创新的根本动力，企业之间的竞争，最终可能使竞争各方都成为赢家。为得到这种竞争压力，企业通常集聚在一起。中小企业实施国际化战略，除了满足要素条件和需求条件外，还需要通过竞争不断注入创新活力，以及通过合作取长补短，共享资源，这在空间上就表现为企业的集中，也即企业集群。

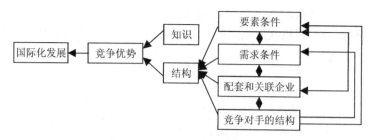

图 7-6　中小企业集群创新能力

通过"传染模型"(如图 7-7),创新技术在小企业集群内部扩散。①群聚的小企业在地理空间上相互靠近,形成信息反馈回路,降低了运输成本和以信息搜索成本为主的交易成本;②集群由专业化分工与协作关系通过促进中小企业间有序竞争来激活企业创新能力;③企业间的相互信任使之进行技术创新的合作大大强化,有助于降低为弥合企业间知识和经验技能的差距所付出的成本;④集群使企业学习新技术变得容易和低成本。

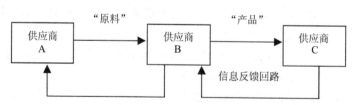

图 7-7　信息反馈回路

另外,我们还可以通过网络的分析工具——社会环境(milieu)来研究创新与中小企业集群的关系。社会环境指的是一种氛围,是一个"群"的概念。社会经济学家认为,社会环境能通过它所具有的搜寻、转移、选择、转换和对信息的控制等功能,降低不确定性,从这一点看,社会环境也可以看作是一个取代市场和科层的有效的管理制度(类似于企业集群)。社会环境可分为两类,一类是创新性的(Innovative milieu),另一类是非创新性的,也就是一般的社会环境。革新社会环境有两个共同的特征:一个是互动(Interaction),另一个是学习的动力(the learning dynamic)。参与者的互动,或者说是合作,能产生特殊的外部性,由于这些外部性的存在,参与者能形成网络,从而可以利用共同创造的资源。按照上面两个特征可以对社会环境进行分类,见图7-8。

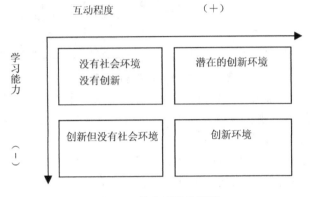

图 7-8　社会环境的类型

从图 7-8 中可以看出,创新环境是互动程度和学习动力都较高的社会环境;而互动程度高,学习动力低的是潜在的创新环境,这一例子是大工业区;互动程度低,学习动力高的是没有社会环境的创新,例子是成长中的技术极;两者都低的是既没有创新,也没有社会环境的地区,如那些由大企业组成的生产系统。图7-8还表明,从一个潜在的创新环境向创新环境转换,要求改变"学习"这个变量,增加学习动力,对一个地区来说,就是要采用能刺激这一能力产生的技术政策;相反,从一个没有社会环境的创新向创新环境转换,要求扩大参与者之间的交流。众多中小企业在空间集聚在一起,企业的互动程度和学习动力都比较高,因而,小企业集群可以理解为一个创新的社会环境。

社会环境与单个企业相比,在学习和信息处理上要更强一些。在社会环境内部,信息的流动和认知的形成是通过劳动力的内部流动,紧密的创新合作、模仿实现的,集体学习代替了企业内部学习,因此,社会环境(企业集群)比单个企业更有助于创新。

7.4.3.3　中小企业集群能够通过"集群效应"谋取差异化优势

在国际化发展过程中,中小企业集群还可以通过统一对外促销、规范品质标准、认同专项技术、推广共同商标、共享集群信誉等"集群效应"谋取单个中小企业很难具有的差异化优势。例如,推行品牌战略时,单个小企业往往因为资金不足和有限的产品设计能力,不能够独立完成,而共同使用品牌,拥有统一的销售机构的小企业群就可以弥补这方面的缺陷。而且,小企业集群的集体谈判能力也较单个小企业强。通过统一对外谈判,小企业集群可以获得更多订单,并更容易得到政府产业政策的优惠。巴基斯坦(Silkor)地区手术器械企业群在派代表团与美国认证机构谈判时,得到巴出口促进局的支持,在美国质量认证专家和本国政府帮助下,该集群的手术器械质量达到了美国的认证标准。此外,利用委托生产(OEM)和委托设计(ODM)的方式使小企业充分利用大企业的品牌效应,将该企业作为众多相关小企业的"核心企业",建立外销网络,打开国际市场,也是被经验证明的成功之路。

7.4.3.4　中小企业集群能够在集群内高效率地获取专业性雇员和供给

由于企业集群内"储备"着许多有经验的雇员,降低了小企业招聘的搜索成本和交易成本。同时,小企业集群能为高度专业化的技术人员创造一个良好的劳动力市场,它不仅使厂商较少面临劳动力短缺的问题,而且降低了雇员进行工作迁移的风险。另外,在很多行业中,产品和服务生产以及新产品的开发都需要专门的设备和配套服务,而单个企业不可能提供足够大的服务需求市场来维持众多的供应商的生存,也无法解决复杂的技术和管理问题。在企业集群内,众多小企业集中在一起,就完全可以联合起来提供一个足够大的市场,使各种各样的专业化供应商得以生存。

7.4.4　促进我国中小企业集群发展的政策措施

7.4.4.1　中小企业集群发展的战略方针

1. 专业化战略

中小企业集群发展的战略中,专业化是其基础性、根本性的战略。因为中小企业规模小,人数少,资金又非常有限,不象大企业那样雄厚,所以不能象大企业那样搞"大而全"的全能厂,只能摒弃"小而全"而选择"小而专"、"小而精"的战略。把有限的资金、技术、人才等集中起来搞专业化生产,形成"拳头"优势,从而在激烈的市场竞争中打出一片田地。这在客观上就要求中小企业要简化内部的品种结构,有计划的使产品扩散,减少自己生产的品种,同时,集中生产同类产品,即生产结构相近、型式相似、工艺相同的产品,以实现少品种大批量的目标,进而达到低成本、质量高,满足用户和消费者的要求。

专业化战略的实施与协作是不可分割的。专业化是协作的基础,而协作是专业化的必要条件。二者互为条件、互相促进。随着经济的发展,生产社会化进程的日益提高,分工协作也进一步深化,产业与产业之间的联系日益紧密,往往是在少数几个核心大规模企业的周围积聚了大量的中小企业。广大中小企业利用其独到的专门技术在为其他产业的大企业提供零部件和协作产品,从而找到自己的市场位置。事实证明,专业化把单件和小批量的生产变为大批量生产,采用高效率的专门设备和自动生产线,采用先进工艺以及科学的生产组织形式,有利于大幅度提高劳动生产率,降低成本,缩短生产周期,增加产量,产品质量也更有保证。

2. 联合化战略

在与大企业共同成长的模式中,联合化战略对于中小企业来说是势在必行的战略,为了更好的与大企业合作,实现生产的社会化分工与协作,群体的力量是不可忽视的。所以,以自身专业化为前提,中小企业应该联合可联合的力量,在大企业周围形成产业链和企业群,进行"小企业、大生产"。联合化战略有多种多样,按照需要,既可以跨行业、跨国境,也可以联合科研机构、高等院校。

要使联合化战略取得成功,首先要求联合各方都各有所长,也就是要求中小企业的专业化程度较高,在某个领域具有过硬的专业技能。其次,这种联合应该是互惠互利的,联合的双方都能通过联合获取收益,只有这样的利益联合,才能使联合化战略长久的维持下去。

7.4.4.2　集群式国际化经营政策

（1）根据本地集群企业的特色产业和优势，明确开拓国际市场的目标和定位。

我国中小企业集群要想实现本地化与国际化的有机联系，必须选择以独特的资源和优势加入国际市场。这就要求我国中小企业集群必须真正形成自身的特色产业和品牌。形成企业集群特色的关键，不仅要以当地的特色物质资源作为集群发展的基础，还应该将其特有的历史社会文化资源整合到产业集群的资源体系之中，形成本地化的产业氛围，使其他区域难以模仿。

同时，强化技术创新，形成有深厚技术创新能力支撑的区域品牌。在具备了本地集群特色和品牌的优势基础上，再根据国际市场消费需求多层次多样化的特点，从市场细分中寻求发展空间。

（2）转变观念，从中小企业数量的简单扩张到中小企业集群的专业发展。

各级政府在实行我国对中小企业的扶持政策中，往往片面地理解中小企业的发展应该是遍地开花、遍布全国，所以在制定相关政策时，大多通过降低中小企业设立的门槛，放松对中小企业的审批，促成中小企业特别是乡镇企业的数量急速扩张。但是，由于各地中小企业都是匆忙上马，规模小，行业分布散，重复低水平建设非常严重，而且很多中小企业生产差、管理不规范，存在较大的生产安全隐患。所以这样的中小企业发展模式不能适应社会生产的需要，还会对国民经济造成不利的影响。因此，各级政府应该转变传统观念，摒弃中小企业数量上的简单增加和规模上的盲目扩张，"以小博大"，充分发挥中小企业分工与协作的优势，甘愿为大企业集团进行配套生产和服务，以中小企业集群的模式带动地区经济的发展。

（3）培育市场体系，发挥市场在集群发展模式中的主导作用。

在市场经济体制下，应使市场机制在调节中小企业与大企业共生模式中发挥基础性作用。然而，这种作用的发挥依赖于市场的完善。

首先，培育和加强企业之间的网络。

组织集群中的企业和单个游离企业相比,很大的优势在于群体的协同作用,培育和加强企业之间网络组织,建立"龙头企业＋网络结构"的链状模式,将有利于中小企业的集群式发展,发挥不同规模的企业在集群中的不同优势。因此为了加强中小企业的集群式发展,发挥中小企业的集群优势,不仅要培育众多的中小企业,也要加强龙头企业的带头作用。龙头企业在生产中发挥横向的支撑作用,在营销中以品牌效应发挥纵向的纽带作用,在核心技术的研制和使用中发挥创新和导向作用,而众多中小型企业和家庭工厂结成网络状,生产各工艺过程,实现生产社会化、组织网络化和流通市场化。在实际操作中,不仅可以统一品牌、统一检测,甚至可以统一出口、建立共同的营销网络等。

　　其次,加强转化区位地理优势,建立区位品牌。

　　中小企业集群一般在地缘上都比较接近,因此产业集聚在很大程度上是依赖地理区位的优势。地理区位优势包括当地的资金、技术、信息、基础设施等资源。因此政府应当尊重市场规律,充分利用自身优势,巩固现有的或处于萌芽状态的群集区,对已有集聚趋势的特定经济区域要实行特殊的政策产业,引导区域内的同一行业的中小企业聚集在一起,形成具有特色的发展模式。同时对于投资新建企业,应优先考虑在相关产业集聚区内建设,并对进入集聚区的企业进行适当的筛选。

　　加强区位品牌建设也是增加中小企业集群效应的有效途径之一。"区位品牌",即将产业区位作为品牌的象征,如法国香水、意大利时装等。"区位品牌"与单个企业品牌相比,更形象、直接,是众多企业品牌精华的浓缩和提炼,更具有广泛的、持续的品牌效应。通过树立区位品牌,不仅可以吸引众多中小企业的聚集,在区域内迅速形成生产相关产品的中小企业群,更能在同一平台上,以最小的成本投入,带来最大的集群收益,提高中小企业的集群效应。为此,政府和行业协会都应积极组织宣传,通过报纸、电视等媒体,展示区域的整体形象,按企业的规模或销售额合理分摊费用,消除经济外部性,增强了企业参与的积极性。

最后,围绕市场机会和核心企业定制生产。

集群中的中小企业首先要抛弃过去只以计划定生产的传统模式,在了解自己的基础上还要了解国际市场最终用户和采购商的要求,即以市场和客户为核心,根据客户要求安排生产。其中特别要注重以质量和信誉与跨国公司建立长期稳定的合作关系;并注意与跨国公司价值链建立后向联系,加强并完善配套产业的发展,以点带面,从而实现集群整个产业的升级和结构优化的目的,使我国中小企业在全球的生产链条中占据更为主动的位置。目前,许多跨国巨头为实现利益最大化,逐渐将产业链向下游调整,而将利润相对较低的原材料、零部件及其配套设备以及各类后勤支援方面分包给第三方公司。因此,我国中小企业集群完全可以凭借集群优势承揽这些分包业务,占据跨国公司产业链的上游,与这些跨国企业建立伙伴关系,在最短的时间内在国际市场上达到最大的提升。

(4)加强市场秩序建设,促进有效竞争的中小企业集群的形成。

有效竞争指的是竞争活力与规模经济相协调的竞争。在这种市场秩序下,中小企业与大企业共生具有良好的外部经济效应。第一,反对行政性垄断,尽快解决企业的多重行政隶属关系,把企业从行政枷锁中解脱出来。第二,加快对内开放速度,降低企业的行政性进入壁垒。只有通过对内开放,企业才可能提高竞争力,才不至于与国际竞争对手遭遇时败下阵来。一些垄断性企业,特别是世界贸易组织(WTO)要求对外开放的产业,企业要革自己的命。第三,加强产业协会的建设。产业协会具有三边规制中的仲裁职能,在规范企业行为、避免过度竞争、调解企业纠纷、仲裁经济冲突等方面均具有重要作用。当然,也要反对产业协会通过联合定价等手段损害消费者利益的行为。

首先,完善涉外经济中介服务体系,提高中介机构的服务水平。涉外中介服务体系在协助处理多边事务和支持企业开拓国际市场方面具有非常重要的作用。涉外中介服务体系在对外经济交往中的作用具体表现在以下几个方面:一是政府间接资助企业开拓国际市场的一个重要渠道;二是在反倾销、反补贴、保障措施的投诉和应诉机制中发挥重要的中介作用;三是协助收集其他成员国针对我国企业、商品和服务的歧视性做法;四是通过行业自律和为会员提供国际市场信息、人员培训和其他方面的服务。此外,集群中的科技服务机构,还可以推进以技术为先导的支撑与服务平台的建设。

其次,正确定位政府职能,充分发挥政府的支持作用。国际竞争并不是单个企业之间的竞争,而是整个企业集群所从属的各地政府外销支撑体系之间的竞争。因此,政府为中小企业走向国际市场营造支撑环境至关重要。首先,政府要考虑以企业集群政策替代产业政策,以更为完整、科学、可行的产业集群政策替代简单的产业布局安排;其次,政府要提供和完善公共服务。一方面,从中央政府层面看,在涉及产业与国外的国际纠纷时,帮助中小企业进行国际谈判,适当的时候可以动用国家的力量,对不合理的贸易壁垒措施进行贸易报复,以对其施加压力;另一方面,从地方政府的层面看,主要是搞好基础设施建设,建立具有产业导向性的特色工业园区,营造环境,创造优惠条件引导企业在具有优势的地点集聚。通过组织国际博览会等形式,加强国际信息交流,加强地方产业形象宣传;改进教育结构,鼓励大学和职业学校培养当地产业集群所需人才;建立集群共享的信息网络,促进产业集群内部有关企业和政府部门之间的交流。

(5)强化集群内部企业的相互协作,增强企业集群在全球供应链中的整体实力

企业集群内的中小企业在发展与成长过程中,必须进行协调,使企业之间有效合作、产生协同效应。协调工作主要从两方面进行。一是企业家协调。要培养有创新精神的企业家,制定和执行行业规范,培养自律、诚信的集群经营氛围,限制企业之间的过度竞争,尤其是没有约束的仿冒以及恶性价格竞争等。二是管理协调。主要是指在正式的契约、信息、与上下游企业的合作等方面使其管理活动外部化,同时发挥中介组织的作用。通过两方面有效的协调,为集群内的企业的存在提供了具有竞争力的外部环境,保证企业集群在全球供应链中的整体实力。

附录一 国际化经营程度与绩效相关性分析的有关数据

Descriptive Statistics

	N	Minimum	Maximum	Mean	Std. Deviation
净资产收益率	94	−27.42	43.79	11.5230	8.16740
每股收益	94	−.58	2.06	.5177	.38752
国外	94	.59	97.32	35.8881	28.33549
Valid N (listwise)	94				

Correlations

		净资产收益率	国外
净资产收益率	Pearson Correlation	1	.225(*)
	Sig. (2-tailed)	.	.030
	N	94	94
国外	Pearson Correlation	.225(*)	1
	Sig. (2-tailed)	.030	.
N		94	94

* Correlation is significant at the 0.05 level (2-tailed).

Correlations

		每股收益	国外
每股收益	Pearson Correlation	1	.057
	Sig. (2-tailed)	.	.584
	N	94	94
国外	Pearson Correlation	.057	1
	Sig. (2-tailed)	.584	.
N		94	94

附录二 影响中小企业国际化经营因素的重要性评价量表

企业领导者的年龄:(20—30 30—40 40—50 50—60 60 以上)

企业领导者的性别:(男 女)

企业领导者的文化程度:(高中以下 本科 硕士 博士)

企业的性质:(国有 民营 合资 独资)

企业是否家族企业:(是 否)

企业的规模:(0—50 人 50—200 人 200—500 人)

企业的年龄:(三年以下 3—5 年 5—10 年 10 年以上)

企业的类型:(知识密集型 劳动密集型 资本密集型 混合型)

企业所在地:

企业是否有国际化经营:

企业在国内市场地位:(上游 中游 下游)

	非常重要	比较重要	一般	不太重要	不重要
本国政府支持					
产品价格					
生命周期					
产品质量					
国外市场反应能力					
公司激励机制					
公司治理结构					
国际化 HR					

续表

	非常重要	比较重要	一般	不太重要	不重要
本国金融市场发达程度					
国内市场竞争程度					
东道国市场盈利性					
东道国场销售额					
东道国市场容量					
东道国文化与企业文化					
东道国文化与企业文化兼容性					
东道国相关法律					
东道国资本自由度					
领导者国际化视野					
公司的学习能力					
领导者素质					
全球经济环境及预期					
生产资料可获得性					
汇率稳定性					
新产品研发能力					
协会商会					

附录三 国际化经营影响因素的因素分析有关数据

KMO and Bartlett's Test

Kaiser-Meyer-Olkin Measure of Sampling Adequacy.		.800
Bartlett's Test of Sphericity	Approx. Chi-Square	1373.337
	df	300
	Sig.	.000

Total Variance Explained

Component	Initial Eigenvalues			Extraction Sums of Squared Loadings		
	Total	% of Variance	Cumulative %	Total	% of Variance	Cumulative %
1	6.641	26.565	26.565	6.641	26.565	26.565
2	2.505	10.020	36.586	2.505	10.020	36.586
3	1.959	7.837	44.422	1.959	7.837	44.422
4	1.403	5.611	50.034	1.403	5.611	50.034
5	1.338	5.353	55.387	1.338	5.353	55.387
6	1.192	4.769	60.156	1.192	4.769	60.156
7	1.076	4.304	64.459	1.076	4.304	64.459
8	.993	3.973	68.432			
9	.859	3.437	71.869			

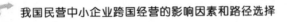

续表

Component	Initial Eigenvalues			Extraction Sums of Squared Loadings		
	Total	% of Variance	Cumulative %	Total	% of Variance	Cumulative %
10	.808	3.233	75.102			
11	.765	3.060	78.161			
12	.691	2.765	80.927			
13	.630	2.520	83.447			
14	.587	2.346	85.793			
15	.512	2.050	87.843			
16	.462	1.849	89.692			
17	.423	1.694	91.386			
18	.394	1.578	92.964			
19	.382	1.526	94.490			
20	.327	1.309	95.799			
21	.295	1.179	96.978			
22	.237	.949	97.927			
23	.224	.894	98.821			
24	.183	.734	99.555			
25	.111	.445	100.000			

Extraction Method: Principal Component Analysis.

Component Matrix(a)

	Component						
	1	2	3	4	5	6	7
本国政府支持	.455	.047	−.002	−.196	−.038	−.353	−.122
产品价格	.215	.231	.576	.189	.175	−.001	−.001
生命周期	.390	.386	.475	.029	.266	.136	−.027

续表

	Component						
	1	2	3	4	5	6	7
产品质量	.230	.213	.479	.276	−.259	.313	.263
国外市场反应能力	.647	−.291	.205	−.086	.223	−.322	.015
公司激励机制	.276	.447	.071	−.616	.153	.163	.080
公司治理结构	.255	.534	.084	−.447	.157	.020	.396
国际化 HR	.665	−.161	.019	−.174	.126	−.168	.111
本国金融市场发达程度	.464	.048	−.400	−.269	.137	.298	−.263
国内市场竞争程度	.288	.343	.040	−.192	−.238	.445	−.363
东道国市场盈利性	.757	−.298	.225	−.076	.027	−.154	−.252
东道国场销售额	.725	−.344	.253	−.069	.138	−.130	−.131
东道国市场容量	.729	−.268	−.002	−.032	.046	.057	.193
东道国文化与企业文化	.721	−.240	−.151	−.084	−.058	.260	.202
东道国文化与企业文化兼容性	.738	−.235	−.089	.069	−.242	.123	.113
东道国相关法律	.704	−.141	−.113	.202	−.273	.214	.071
东道国资本自由度	.708	−.068	−.011	.109	−.259	.084	−.081
领导者国际化视野	.470	.230	.014	.112	−.409	−.219	.353
公司的学习能力	.306	.629	−.218	.007	−.247	−.270	−.300
领导者素质	.255	.584	−.112	.053	−.310	−.310	.017
全球经济环境及预期	.462	.239	−.547	.149	.064	−.147	−.007
生产资料可获得性	.340	.361	.013	.331	.344	−.178	.083
汇率稳定性	.576	−.017	−.415	.173	.283	.087	−.070
新产品研发能力	.375	.298	.259	.401	.177	.125	−.369
协会商会	.094	.238	−.445	.336	.442	.176	.261

Extraction Method: Principal Component Analysis.

a 7 components extracted.

Rotated Component Matrix(a)

	Component						
	1	2	3	4	5	6	7
本国政府支持	.505	.035	−.021	.342	−.013	.108	.055
产品价格	.140	−.007	.676	.010	−.076	.087	−.092
生命周期	.185	.035	.684	.044	.059	.307	.125
产品质量	−.183	.488	.561	.020	−.185	.094	−.089
国外市场反应能力	.802	.152	.137	−.014	.067	.049	−.123
公司激励机制	.120	−.035	.085	.107	−.008	.763	.316
公司治理结构	.033	.041	.143	.195	.096	.817	−.029
国际化 HR	.642	.283	.014	.050	.142	.201	−.016
本国金融市场发达程度	.249	.164	−.170	.014	.335	.179	.605
国内市场竞争程度	−.080	.210	.200	.179	−.123	.167	.678
东道国市场盈利性	.806	.274	.184	.044	−.058	−.090	.186
东道国场销售额	.800	.268	.200	−.079	−.004	−.033	.085
东道国市场容量	.551	.535	.042	−.082	.184	.115	.014
东道国文化与企业文化	.406	.663	−.069	−.103	.211	.160	.172
东道国文化与企业文化兼容性	.418	.702	−.013	.074	.104	−.034	.118
东道国相关法律	.280	.729	.069	.112	.159	−.107	.174
东道国资本自由度	.383	.570	.128	.216	.055	−.088	.229
领导者国际化视野	.119	.514	.083	.507	−.014	.151	−.248
公司的学习能力	.030	−.035	.090	.807	.123	.069	.283
领导者素质	−.041	.096	.103	.751	.058	.155	−.013
全球经济环境及预期	.172	.185	−.139	.429	.580	.011	.120
生产资料可获得性	.151	−.022	.415	.252	.478	.066	−.141

续表

	Component						
	1	2	3	4	5	6	7
汇率稳定性	.331	.249	−.013	.056	.629	−.049	.234
新产品研发能力	.133	.030	.658	.157	.209	−.197	.285
协会商会	−.204	.056	.051	−.046	.781	.085	−.063

Extraction Method: Principal Component Analysis. Rotation Method: Varimax with Kaiser Normalization.

a Rotation converged in 8 iterations.

＊　＊　＊　＊　＊　Method 1 (space saver) will be used for this a-nalysis　＊　＊　＊　＊　＊

—

R E L I A B I L I T Y A N A L Y S I S − S C A L E (A L P H A)

Reliability Coefficients

N of Cases＝135.0　　　　N of Items＝25

Alpha＝.8746

参考文献

1. Alan Lawton, Aidan G. Rose: *Organization and Management in the Public Sector*, Pitman Publishing, A Division of Longman Group UK limited, 1991.

2. Andit Commission, *Realising the Benefits of Competition: The Client Role for Contracted Services*, Loncal Government Report no. 4. London: HMSO, 1993.

3. Andy Horsnell, John Pepin: *Social Entrepreneurship Basics: How Your Nonprofit Can Enhance Capacity, Impact and Sustainability*, Front&-Centre(published by the Canadian centre for philanthropy), Vol. 9, No. 4, July 2002.

4. Authenticity Consulting, LLC: *Social Enterpreneurship Toolbox*, Canada: Tororto, www. np-org-dev. com, 2006-10-31.

5. [美]B·盖伊·彼得斯:《政府未来的治理模式》,吴爱明等译,中国人民大学出版社 2001 年版。

6. [美]B·盖伊·彼得斯:《政府未来的治理模式》,吴爱明等译,中国人民大学出版社 2001 年版。

7. Barney, J. B.: *Organizational culture: can it be a source of sustained competitive advantage?*, Academy of Management Review, ,1986b, 11: 656—665.

8. Bengt Johannisson, SIRE: *Entrepreneurship as a collective phenomenon*, http://www. vxu. se/ehv/forskn/entreprofil/collective _phenomen. pdf, 2006-10-31.

9. Bill Creech: *The Five Pillars of TQM: How to Make Total*

Quality Management Work for You. New York：Truman Talley Books/Dutton，1994.

10. Burns：*Corporate Entrepreneurship—Building an Entrepreneurial Organization*，Basingstoke，Palgrave Macmillan，2005.

11. C. T. Melling，CBE：*Invention，innovation and the spirit of enterprise*，Engineering Management Journal，June 1993，p. 119—124.

12. ［美］C. I. 巴纳德：《经理人员的职能》，孙耀君等译，中国社会科学出版社 1997 年版。

13. Calvin，R：*Entrepreneurial Management*，London，McGraw-Hill，2002.

14. Coase，R. H. ：*A historical comparison of resource-based theory and five schools of thought within industrial organization economics：Do we have a new theory of firm?*，Journal of Management，1991(17)：121—154.

15. Collins，John：*Government Performance a Big Issue*，Carribbean Business，2002，Vol. 30 Issue 31，P. 40.

16. Colvin，J. ，Baden-Fuller，C. W. ：*Creating Corporate Entrepreneurship*，Strategic Mgt. Journal，1994，Vol. 15，p. 521—536.

17. Colvin，J. ，Slevin，D. P. ：*A Conceptual Model of Entrepreneurship as Firm Behavior*，Entrepreneurship Theory& Practice，Fall 1991，Vol. 15，p. 521—536.

18. Donald F. Kettl. ：*Sharing Power*，Public Governance and Private Markets，Washington，D. C. ：Brookings Institution，1993.

19. ［美］E. S. 萨瓦斯：《民营化与公私部门的伙伴关系》，周志忍等译，中国人民大学出版社 2002 年版。

20. Edward Skloot：*The Nonprofit Entrepreneur：Creating Ventures to Earn Income*，Foundation Center，New York，New York，1988.

21. Farrell，M. J. ：*The Measurement of Productive Efficiency*，

Journal of the Royal Statistical Society,1957,,Series A,120, Part 3,253—81.

22. Flynn Norman：*Public Sector Management*，Third Edition, Prentice Hall,1997.

23. Frederickson, H. George：*Measuring Performance in Theory and Practice*,PA Times,2000,Vol. 23,Issue 8,p. 9—10.

24. Gifford and Elizabeth Pinchot：*The End of Bureaucracy and the Rise of the Intelligent Organization*. San Francisco：Berrett-Koehler,1993.

25. ［法］H·法约尔：《工业管理与一般管理》,周安华等译,中国社会科学出版社 1999 年版。

26. J. Gregory Dee：*The Meaning of 'Social Entrepreneurship'*, www. the-ef. org/resources-Dees103198. html,1998-10-31.

27. Michael Barzelay,Babak Armajani：*Breaking Through Bureaucracy：A New Vision for Managing in Government*. University of California Press,1992.

28. Michael Hammer,James Champy：*Reengineering the Corporation：A Manefesto for Business Revolution*. Harper Collins,1993.

29. Morrison, A. , Rimmington M. , Williams：*Enterpreneurship in the Hospitality*,*Tourism and Leisure Industries*,Butterworth Heinemann,1999.

30. Peter Brinckerhoff：*Entrepreneurial spirit：Why You Need to Be More Entrepreneurial*；Nonprofit World. December 2001, Vol. 19,No. 11,www. danenet. org/snpo.

31. Peter C. Brinckerhoff：*Social Entrepreneurship：The Art of Mission-Based Venture Development*,John Wiley& Sons,Inc. , New York,NY. 2000.

32. Ron Jensen：*Managed Competition：A Tool for Achieving Excellence in Government*, www. clearlake. ibm. com/Alliance, 2006-10-31.

33. Seymour Fliegel：Miracle in East Harlem：*The Fight for Choice in Public Education*. Times Books，1993.

34. Steckel，Richard：*Develping an Entrepreneurial Vision*，Non-profit World，Vol. 11，No. 3，2001.

35. Stopford，J. M. & Baden-Fuller，C. W. F.：*Creating Corporate Entrepreneurship*，Strategic Management Journal，1994，15(7)：521—536.

36. Timmons，J.：*The Entrepreneurial Mind*，Brick-House Publishing Company，Andover，MA.，1989，p. 19—29，.

37. U. S. General Accounting Office：*Managing for Results：Experiences Abroad Suggest Insights for Federal Management Reforms*，Washington，D. C.：U. S. General Accounting Office，1995.

38. ［美］W·理查德·斯格特：《组织理论》第 4 版（中译本），黄洋等译，华夏出版社 2002 年版。

39. Wickham：*Strategic Entrepreneurship* (3ʳᵈ edn)，Harlow：Financial Times/Prentice Hall，2004.

40. ［美］埃莉诺·奥斯特罗姆：《公共事物的治理之道》，余逊达、陈旭东译，上海三联书店 2000 年版。

41. ［英］安东尼·B·阿特金森、［美］约瑟夫·E·斯蒂格里茨等：《公共经济学》，蔡江南、许斌、邹华明译，上海三联书店 1994 年版。

42. ［美］奥利弗·E·威廉姆森：《资本主义经济制度——论企业签约与市场签约》（中译本），段毅才、王伟译，商务印书馆 2002 年版。

43. ［美］保罗·A·萨缪尔森、［美］威廉·D·诺德豪斯：《经济学》第 12 版，萧琛译，中国发展出版社 1992 年版。

44. ［美］保罗·C·纳德、［美］罗伯特·W·巴可夫：《公共和第三部门组织的战略管理：领导手册》，中国人民大学出版社 2001 年版。

45. ［美］彼得·德鲁克：《组织的管理》，王伯言、沈国华译，上海财经大学出版社 2003 年版。

46. [美]彼得·圣吉:《第五项修炼——学习型组织的艺术与实务》，郭进隆译，上海三联书店 1997 年版。

47. [美]彼德·F·杜拉克:《有效的管理者》，中华企业管理发展中心 1967 年版。

48. [英]彼德·M·杰克逊:《公共部门经济学前沿问题》，郭庆旺等译，中国税务出版社 2000 年版。

49. [美]彼德·德鲁克:《创新与企业家精神》，彭志华译，海南出版社 2000 年版。

50. 曹荣湘:《走出囚徒困境——社会资本与制度分析》，上海三联书店 2003 年版。

51. [美]查理斯·沃尔夫:《市场或政府》，陆俊、谢旭译，中国发展出版社 1994 年版。

52. 陈淽:《非营利组织战略管理问题研究》，黑龙江人民出版社 2003 年版。

53. 陈振明、孟华:《公共组织理论》，上海人民出版社 2006 年版。

54. 陈振明:《政府再造——西方"新公共管理运动"述评》，中国人民大学出版社 2003 年版。

55. 成思危:《中国事业单位改革——模式选择与分类引导》，民主与建设出版社 2000 年版。

56. 崔如波:《公司治理:制度与绩效》，中国社会科学出版社 2004 年版。

57. [美]戴维·奥斯本、[美]特德·盖布勒:《改革政府——企业精神如何改革着公营部门》，周敦仁译，上海译文出版社 1996 年版。

58. [美]戴维·奥斯本、[美]彼得·普拉斯特里克:《政府改革手册:战略与工具》，谭功荣、颜剑英、魏军妹、房艳、王晶锋译，中国人民大学出版社 2004 年版。

59. [美]丹尼尔·A·雷恩:《管理思想的演变》，赵睿等译，中国社会科学出版社 2002 年版。

60. [美]丹尼尔·F·斯普尔伯:《市场的微观结构——中间层组织与厂商理论》,张军译,中国人民大学出版社 2002 年版。

61. [英]丹尼斯·C·缪勒:《公共选择理论》,韩旭、杨春学等译,中国社会科学出版社 1999 年版。

62. [美]彼得·德鲁克:《非营利组织教给企业什么》,上海译文出版社 1999 年版。

63. 董建新:《现代经济学与公共管理》,社会科学文献出版社 2006 年版。

64. 范恒山:《关于事业单位改革的思考》,载《中国经济时报》2004 年 4 月 12 日。

65. [美]菲利普·科特勒、[美]凯伦·F·A·福克斯:《教育机构的战略营销》,庞隽、陈译,企业管理出版社 2005 年版。

66. 冯云廷、陈静:《中国公共事业管理体制改革研究》,东北大学出版社 2003 年版。

67. [美]弗莱蒙特·E·卡斯特、[美]詹姆斯·E·罗森茨韦克:《组织与管理:系统方法与权变方法》,傅严等译,中国社会科学出版社 2000 年版。

68. 符钢战:《关于中国事业部门体制转型问题研究》,载《管理世界》2005 年第 2 期。

69. [美]盖瑞·J·米勒:《管理困境——科层的政治经济学》,王勇、赵莹、高笑梅、季虹译,上海人民出版社 2002 年版。

70. [美]格罗弗·斯塔林:《公共部门管理》,陈宪等译,上海译文出版社 2003 年版。

71. [德]于尔根·哈贝马斯:《公共领域的结构转型》,曹卫东等译,上海学林出版社 1999 年版。

72. [美]海尔·G·瑞尼:《理解和管理公共组织》,王孙禺、达飞译,清华大学出版社 2002 年版。

73. [美]赫伯特·西蒙:《西蒙选集》,黄涛译,首都经济贸易大学出版社 2002 年版。

74. 黄步琪:《组织行为学新编——人际交往与组织管理》,浙江大学出版社 2003 年版。

75. 黄恒学:《中国事业管理体制改革研究》,清华大学出版社 1998 年版。

76. 黄佩华:《中国事业单位改革的一个经济学分析框架》,载《比较》第 12 辑,第 17—26 页。

77. 霍福广、陈建新:《中美创新机制比较研究》,人民出版社 2004 年版。

78. [美]加雷思·琼斯、[美]珍妮弗·乔治、[美]查尔斯·希尔:《当代管理学(第 2 版)》,郑风田、赵淑芳译,人民邮电出版社 2003 年版。

79. [英]杰弗里·霍奇逊:《现代制度主义经济学宣言》(中译本),杨虎涛、王爱君、马芳等译,北京大学出版社 1993 年版。

80. 金锦萍、葛云松:《外国非营利组织法译汇》,北京大学出版社 2006 年版。

81. 经济合作与发展组织:《分散化的公共治理》,中信出版社 2003 年版。

82. 柯武刚:《制度经济学:社会秩序与公共政策》,商务印书馆 2002 年版。

83. [瑞士]昆诺·谢德乐、[瑞士]伊莎贝拉·普鲁勒:《新公共管理》,党建读物出版社 2006 年版。

84. [美]拉塞尔·M·林登:《无缝隙政府:公共部门再造指南》,汪大海等译,中国人民大学出版社 2002 年版。

85. [美]雷克斯福特·E·桑特勒、[美]史蒂芬·P·纽恩:《卫生经济学——理论、案例和产业研究》,程晓明等译,北京大学医学出版社 2006 年版。

86. 李丽:《论企业的性质》,载《中央社会主义学院学报》2003 年第 5 期。

87. 李文良:《中国政府职能转变问题报告:问题、现状、挑战、对策》,中国发展出版社 2003 年版。

88. [美]里贾纳·E·郝兹琳杰等:《非营利组织管理》,北京新华信商业风险管理有限责任公司译者,中国人民大学出版社 2000年版。

89.刘炳香:《西方国家政府管理新变革》,中共中央党校出版社 2003年版。

90.刘西平、连旭:《"管办分离"的经济学解读》,载《当代传播》2003年第 6 期。

91.卢盛忠、余凯成、徐昶、钱冰鸿:《组织行为学——理论与实践》,浙江教育出版社 1998 年版。

92.[法]让·雅克·卢梭:《社会契约论》,何兆武译,商务印书馆2005 年版。

93.吕达:《公共物品的私人供给机制及政府行为分析》,载《云南行政学院学报》2005 年第 1 期,第 58—60 页。

94.[美]罗伯特·巴尔多克:《安达信的目标 Z:应变未来的企业规划》,战凤梅译,机械工业出版社 2000 年版。

95.[美]罗伯特·丹哈特:《公共组织理论》,项龙、刘俊生译,华夏出版社 2002 年版。

96.[美]罗纳德·哈里·科斯:《企业、市场与法律》(中译本),盛洪、陈郁等译,上海三联书店、上海人民出版社 1990 年版。

97.罗锐韧、曾繁正:《管理控制与管理经济学》,红旗出版社 1997年版。

98.罗锐韧、曾繁正:《组织行为学》,红旗出版社 1997 年版。

99.[美]马克·G·波波维奇:《创建高绩效政府组织》,孔宪遂、耿洪敏译,中国人民大学出版社 2001 年版。

100.彭海斌:《公平竞争制度选择》,商务印书馆 2006 年版。

101.[美]乔治·斯蒂纳、[美]约翰·斯蒂纳:《企业、政府与社会》,张志强、王春香译,华夏出版社 2002 年版。

102.曲巍:《事业单位管理体制创新的制度经济学分析》,载《社会科学家》2004 年第 9 期。

103.石含英:《世界管理经典著作精选》,企业管理出版社 1995年版。

104. 世界银行东亚与太平洋地区减贫与经济管理局:《中国:深化事业单位改革改善公共服务提供》,中信出版社 2006 年版。

105. [美]斯蒂芬·P·罗宾斯:《管理学》第 4 版,孙健敏译,中国人民大学出版社 2002 年版。

106. 宋承先:《西方经济学名著提要》,江西人民出版社 2000 年版。

107. 苏东水:《管理心理学》,复旦大学出版社 2001 年版。

108. 苏东水:《管理学》,东方出版中心 2001 年版。

109. 苏勇:《管理伦理学》,东方出版中心 1998 年版。

110. 孙关宏、胡雨春、陈周旺:《政府与企业》,江西人民出版社 2002 年版。

111. 孙静:《中国事业单位管理体制改革研究——制度绩效与组织设计》,武汉大学 2005 年博士学位论文。

112. 孙颐:《苏州市属医院实行管办分离改革尝试》,载《中国医院管理》2005 年第 3 期。

113. [美]托马斯·彼得、[美]罗伯特·沃特曼:《追求卓越》,戴春平译,中央编译出版社 2003 年版。

114. 汪玉凯:《公共管理与非政府公共组织》,中共中央党校出版社 2003 年版。

115. 王德清、张振改:《公共事业管理》,重庆大学出版社 2005 年版。

116. 王方华、吕巍:《企业战略管理》,复旦大学出版社 2000 年版。

117. 王凤彬:《集团公司与企业集团组织——理论. 经验. 案例》,中国人民大学出版社 2003 年版。

118. 王鸿:《事业单位改革的基本法律问题》,http://theory. people. com. cn/GB/49150/49153/3918256. html。

119. 王建芹:《非政府组织的理论阐释——兼论我国现行非政府组织法律的冲突与选择》,中国方正出版社 2005 年版。

120. 王俊豪:《中国政府管制体制改革研究》,经济科学出版社 1999 年版。

121. 王垚浩、席酉民、汪应洛:《国有企业的性质》,载《管理工程学报》1996 年第 1 期。

122. 威尔逊:《美国官僚制度研究》,中国社会科学出版社 1995年版。

123. 卫志民:《干预的理论与政策选择》,北京大学出版社 2006年版。

124. [美]文森特·奥斯特罗姆、[美]罗伯特·比什、[美]埃莉诺·奥斯特罗姆:《美国地方政府》,井敏、陈幽泓译,北京大学出版社 2004年版。

125. 吴志华:《试论政府适度仿企业化》,载《华东师范大学学报(哲学社会科学版)》2000年第2期。

126. [美]小艾尔弗雷德·D·钱德勒:《看得见的手——美国企业的管理革命》(中译本),重武、王铁生译,商务印书馆 1987年版。

127. 许继芳、周义程:《新公共管理范式批判研究综述》,载《成都行政学院学报》2002年第10期,第14—15页。

128. 姚福喜:《非政府组织与政府、企业》,载《内蒙古财经学院学报》2003年第4期,第14—17页。

129. [美]伊查克·麦迪思:《企业生命周期》,赵睿等译,中国社会科学出版社 1997年版。

130. 于东智:《董事会与公司治理》,清华大学出版社 2004年版。

131. 余晖、秦虹:《公私合作制的中国试验》,上海人民出版社 2005年版。

132. 余永定、张宇燕、郑秉文:《西方经济学》,经济科学出版社 1999年版。

133. 郁义鸿、高汝熹:《管理经济学》,东方出版中心 2002年版。

134. [美]约翰·科特、[美]詹姆斯·赫斯克特:《企业文化与经营绩效》,曾中、李晓涛译,华夏出版社 2003年版。

135. 曾繁正:《行政组织管理学》,红旗出版社 1998年版。

136. 张维迎:《企业的企业家——契约理论》,上海三联书店、上海人民出版社 1995年版。

137. 张维迎:《企业理论与中国企业改革》,北京大学出版社 1999年版。

138. 张远凤:《德鲁克论非营利组织管理》,载《外国经济与管理》2002 年第 9 期,第 2—7 页。

139. 赵东荣、乔均:《政府与企业关系研究》,西南财经大学出版社2000 年版。

140. 赵玉林:《创新经济学》,中国经济出版社 2005 年版。

141. 周珉峰:《新公共管理思潮下的中国政府再造》,载《行政论坛》2004 年第 7 期,第 37—39 页。

致谢

　　这篇论文能够顺利完成,凝结着我的授业恩师王林昌教授的大量心血,没有导师的精心指导和热情鼓励,本论文是无法完成的。王林昌老师一丝不苟的工作作风、严谨的治学态度,使我终身收益。在此,谨向导师表示最衷心的感谢和最美好的祝愿!

　　在博士课程学习和论文写作的过程中,还要特别感谢谭力文教授、赵锡斌教授以及吴先明教授给予我的教导和帮助。他们的谆谆教诲和热情鼓励,将时时激励我在以后的工作中不懈努力。

　　本论文的写作得到了许多学友的帮助。王济平同学、张晓昊同学、陶健同学经常与我讨论,提出了许多有价值的见解和启示,给予了我无私的帮助。还要感谢我的家人给予我的鼓励和支持,感谢他们对我工作的支持和帮助,在生活上对我的理解和关怀。同时,还要感谢在论文撰写过程中帮助我完成基础数据收集和整理的好友康蓉芳、毕柯玲、闵会、徐东、王莎沙等,感谢他们辛勤而细致的工作。这篇博士论文是我献给他们的一份礼物。

　　总之,这篇论文的顺利完成,凝结着众多师长、朋友和亲人的期望与心血,在这里我非常诚恳地向以上提到过和未能提到过的为本文写作给予了无私帮助与支持的各位,表示最真诚的谢意!

帅亮

2012 年 9 月于武汉